I0113142

www.ingramcontent.com/pod-product-compliance
Lightning Source LLC
Chambersburg PA
CBHW052104270326

41931CB00012B/2883

9789655505146

שמעון מנחם קולט

בני ישראל

עורכים ראשיים: קונטנטו - הוצאה לאור בינלאומית

תרגום: נעמה מירון-אשר

עריכה לשונית: מיקי כץ

עיצוב העטיפה: ליליה לב ארי

עיצוב הספר בעברית: ליליה לב ארי

איסרליש 22 תל אביב 6701457

www.ContentoNow.co.il

netanel@contento-publishing.com

מסת"ב: 978-965-550-514-6

דאנאקוד:488-231

נדפס בישראל תשע"ו 2016

Printed in Israel

שמעון מנחם קולט

בני ישראל

CONTENTONOW

תוכן עניינים

פתח דבר

אם עדת בני ישראל הייתה זן של ציפורים, חיות או זוחלים, היו מסווגים אותה כ"זן בסכנת הכחדה". מכיוון שאין הם ציפורים ואף לא זוחלים, הם הולכים ומתמזגים בתוך כלל עם ישראל.

אני עצמי בן לקהילת בני ישראל. טרם ייעלמו לחלוטין הטקסים והמנהגים הייחודיים לנו, שזה מאות בשנים דבקנו בהם, נרתמתי למשימה לאסוף את הטקסים ואת המנהגים שלנו ולאצור אותם בכתב.

הגעתי השנה, בעזרת השם, לגיל שמונים ושבע, וכבר לא נותרו זקנים רבים שיוכלו להאיר את עיניי בנושאים הללו. פעמים רבות מזדמן לי לשאת הרצאות בקהילה שלנו. בעקבות זאת, התחלתי לאסוף את השאלות שהועלו בסוף ההרצאה, וכעת אני מציג אותן כאן לפניכם.

ידוע שבסוף כל עבודת מחקר מופיעה רשימה ביבליוגרפית (מקורות), לאחר הצגת התזה. אבל מאחר שאני מביא בספר מה שנאמר לי מרבותיי הזקנים ז"ל ומהזיכרונות הפרטיים שלי, לא מצורפת כאן ביבליוגרפיה.

אני מוקיר בזאת תודה לידידי, מר ראובן יוסף טלקר מראשון לציון, על שניאות לקרוא ולבקר חיבור זה בתרגום לעברית, על ההגהה שערך, על

ההערות, התיקונים וההבהרות המלומדות ומאירות העיניים שכתב. כל אלו שולבו בתרגום החיבור לעברית. כל הערות השוליים בספר הן פרי עטו. אני מודה לו מקרב לב על ההשקעה הרבה, על ההסכמות ועל האי-הסכמות, על השיחות הארוכות והמעניינות ועל שלא חסך שבטו ממני ומחיבורי זה. את כל אשר אמר, אמר מתוך אהבתו לעדתנו, עדת בני ישראל.

עם כל זאת, עליי לציין שלא קיבלתי את כל השגותיו והערותיו. לעתים עמדתי על דעתי, בין היתר כדי לא לפגוע ברוח הדברים כפי שאני מאמין בהם וכפי שמצאתי לנכון. על כן, אני מוצא חובה להבהיר שאני פוטר אותו מכל אחריות, וכל מה שכתבתי בחיבור זה הוא באחריותי הבלעדית.

שמעון מנחם קולט

לוד

קוראים יקרים הי"ו, ידוע לי שהמחבר הנכבד הי"ו עוסק באהבה רבה זה שנים בליקוט מנהגי עדתנו בני ישראל ובכינוסם אל תוך כלי אחד – אלו מנהגים ייחודיים, חלקם עתיקי יומין. והנה אני התבקשתי מפיו לקרוא, לבדוק ולבקר את חיבורו זה אשר מונח לפניכם (בתרגום לעברית), ולכתוב הערות והבהרות על הכתוב למען הקוראים. ואני הקטן והדל, דובר שלום ודורש טוב לעמי ולבית אבי, בחסדיו וברחמיו הרבים של "החונן לאדם לדעת והמלמד לאנוש בינה", הערתי, תיקנתי וכתבתי את אשר כתבתי, הבהרתי את אשר נחוץ לדעתי להבהיר ולהסביר, והשתדלתי להביא מקורות וציטוטים ממש, לפחות לחלק מהדברים, כדי לנסות להרחיב, לחזק או לסתור. כל זאת בהתחשב בזמן הקצר שעמד לרשותי ובקוצר היריעה.

לעתים המחבר עמד על דעתו ושמר על זכותו לקבל את אשר הסכים לקבל.

כתיבת דברים אלה פרי עטי הייתה מלווה בשיחות רבות עם המחבר ולעתים גם בניסיונות שכנוע, שבחלקם, בעזרת השם, הצלחתי.

אני מתפלל לבורא עולם שבדבריי אלה שכתבתי להלן, שאין בהם משום קביעת דעה או הלכה, לא נפל שום פסול ולא חלה, חלילה, שום תקלה.

כל אשר תיקנתי, הערתי והבהרתי הוא למען יראתי ואהבתי להשם יתברך
ולמען אחיי בני ישראל.

לק"י, ראובן טלקר
ראשון לציון

מנהגים וטקסים

ראשית, אתאר את שלבי החיים השונים של עדת בני ישראל ואת המנהגים והטקסים המקובלים בהם.

"ת'ר-וולדנֶה" (פירושו: לחצות את הנהר)

כאשר אישה מגיעה לחודש השביעי בהריונה הראשון, לוקחים אותה לחצות מקור מים גדול כמו נהר, אגם, ים ועוד. בדרך כלל המשפחה מצטרפת והופכת את האירוע לסוג של פיקניק ובו הפלגה בסירה.

בערב, בבית, לאחר שהיא מתרחצת, היא לובשת סארי חדש וחולצה חדשה מעליו. שיערה מקושט בזר פרחים ששמו "וֶוני" (weni) בלשון מראטי[1] (כדי שתוכל להניח את ה"ווני" על ראשה, היא אוספת את שיערה בפקעת עגולה על עורפה וה"ווני" מונח מסביב לפקעת).

---

1 אחת השפות הרשמיות והנפוצות ביותר בהודו. השפה מדוברת במדינת מהאראשטדרה שבמערב הודו.

אחר כך עורכים טקס הודיה לה' ולאחריו טקס "וואטי-בּארנֶה" ("Oti Bharne"). לאחר מכן עורכים ארוחה חגיגית.

טקס ברית המילה

טקס שבו מניחים את הכיסא של אליהו הנביא. הוא נערך בערב של יום הברית.

גבעולי הדס או ריחן ואתרוג (אתרוג גדל ממדים, המכונה בארץ בשם "אתרוג תימני") נשלחים לבית הכנסת. בבית הכנסת מסירים כיסויים נגד אבק מכיסא אליהו הנביא ומהכיסא שטקס ברית המילה מתרחש עליו (כיסאו של הסנדק). את הכיסאות מעבירים למקום בולט, בדרך כלל לפני ההיכל.

תפילת הערבית מתחילה בפיוט "יהי שלום בחילנו". אחרי "קדיש תתקבל", הקהילה מתאספת מסביב לכיסא של אליהו הנביא ומניפה אותו. החזן אומר: "זה הכיסא של אליהו הנביא [...]" מניחים את הכיסא, כולם חוזרים למקומם ושרים את השיר "אל אליהו" ולאחר מכן התפילה נמשכת כסדרה.

ייתכן שבסוף התפילה תוזמן הקהילה למסיבה בבית הוריו של הרך הנולד.

אם יום ברית המילה נופל בשבת, הטקס של הרמת הכיסא ייעשה לפני תחילת תפילת השבת, והפיוט "יהי שלום בחילנו" יושר לפני שהרב יאמר חצי קדיש. בבית ההורים לא תתקיים מסיבה.

למחרת בבוקר הילד יובא לבית הכנסת. אם ברית המילה תיערך לפני שהאם תטבול במקווה, היא לא תבוא לבית הכנסת.

המוהל מתחיל לשורר את הפיוט "אלי הקשב לי [...]"[2] כשהוא מתחיל בפיוט "ברוכים אתם [...]", מובא הילד לבית הכנסת, בדרך כלל בידי הדוד מצד האם.

2 "אלי הקשב לי, ושמע לקולי, חיים למולי, ובנה הכלי [...]" סימן – אלעזר. בימינו, פיוט מיוחד זה כמעט ולא נשמע ורק מעטים עדיין זוכרים את לחנו. הפיוט הוכנס לסידורים שהדפיסו בנ"י בישראל.

קוראים את מזמור קכ"ח בספר תהילים, ואחריו אומרים קדיש "יהא שלמא". חותמים את הטקס בבית הכנסת.

בבית עורכים את טקס ההודיה לקב"ה. מניחים מגש גדול לפני הקורא (החזן), המכיל רק פירות ועלי הדס או ריחן. פתיתי אורז או סולת קלויים וממותקים (מאכל שנקרא: "מָלִידָה") לא מוגשים.

מנהג שכיום הולך ונעלם במהירות היה לשחוט תרנגול מיד לאחר ברית המילה, לבשל אותו ואת נתחי העוף להגיש לסועדים. על המשפחה הקרובה של התינוק נאסר לאכול מהם.

ש': מדוע בקהילות בני ישראל מקפידים כל כך לאסוף את הערלה לאחר שהמוהל חותך אותה?

ת': זהו מנהג עתיק. היו נשים אחדות, לא מקהילת בני ישראל (אלא יהודיות בגדדיות), שהיו מגיעות לטקס, נכנסות לאולם הגברים ועומדות ליד המוהל. ברגע שהמוהל היה שומט את העורלה, אחת הנשים הייתה תופסת אותה מיד ובולעת אותה מסיבה כלשהי של אמונה תפלה. בעיני קהילות בני ישראל מנהג זה נראה דוחה ובזוי. כדי להימנע ממנהג זה, היה מישהו עומד בקרבת המוהל כדי לתפוס את חתיכת העור ומאוחר יותר כדי לקבור אותה (מסופר כי יום אחד בעיר פונה, אישה יהודייה ממוצא בגדדי בלעה את חתיכת העור [העורלה]. פלוני, מר קהמקר, שראה זאת, גרר את האישה אל מחוץ לבית הכנסת וגרם לה להקיא אותה. אלא שלא היה די בזאת כדי למנוע מנשים אלה להמשיך לבוא ולנסות את מזלן שוב ושוב).[3]

3 טעמים רבים למנהג ישראלי זה. נוהגים לטמון את הערלה באדמה, בחול ובעפר (ראה שו"ע י' סימן רס"ה סעיף י').

קריאת שם לבת (זבד הבת)

לא נקבע יום לקריאת שם לבת. הטקס יכול להיערך בבית המשפחה ביום השמונים לאחר הלידה לצד טקס ההודיה לה' ("מלידה") או בבית הכנסת בשבת או ביום חג.

כאשר עורכים את הטקס בבית כנסת, אחד מהנוכחים לוקח את התינוקת אל התיבה לאחר קריאת ספר התורה ולפני החזרת ספר התורה לארון הקודש.

מכינים שתי קעריות, באחת חלב ובאחרת דבש,[4] מניחים את הקעריות על מגש והן מכוסות בבד ומביאים אותן לתיבה. החזן העורך את הטקס טובל את אצבעו בחלב ובדבש ומאכיל את התינוקת טיפין-טיפין (מנהג יפה הוא להגיש לחזן קערית נוספת ומים בתוכה, בתור קערית לאצבע, ולצדה מניחים מטפחת שימחה בה את אצבעותיו).[5]

לאחר מכן החזן אוחז בשולי הציצית שלו, מניח את ידו על ראש הילדה ומברך אותה בשם שניתן לה.

חלוקת ממתקים או מסיבה נתונות לשיקול דעתם של ההורים.

המונח הטיפשי בן ימינו – "בריתה" – לא שימש מעולם בהודו.

רחצת טהרה - טבילה

אישה שילדה תינוק הולכת למקווה לטבילה ביום הארבעים לאחר לידה של בן וביום השמונים לאחר לידה של בת (ויקרא י"ב, ד'-ו').

מזמן הלידה ועד שהיא טובלת אסור לאישה לגעת בכל דבר שיש בו קדושה. היא אינה אומרת ברכה כלל, ואף אינה מתפללת במהלך התקופה הזאת.

---

4 מנהג יחודי של בנ"י, כנאמר: "דְּבַשׁ וְחָלָב תַּחַת לְשׁוֹנֵךְ" (שיר שירים ד', יא). מנהג זה, לתת מעט דבש וחלב בפי התינוקת, מתקיים גם בעת הכנסת תינוק בבריתו של אברהם אבינו ע"ה. בטקס זה נותנים דבש וחלב בפי הנימול ובקידוש – גם יין.

5 הצעת המחבר.

היא אינה לוחצת ידיים או מאחלת איחול למישהו ואינה אוכלת לחם או פרי שבירכו עליו.

קרובים המגיעים לבקרה ולראות את הרך הנולד בדרך כלל מביאים עמם מעט שקדים בקליפתם, תמרים מיובשים (המכונים "כָרכָּה") ואגוז קוקוס שלם. כאשר האישה מעבירה את התינוק לידי המבקרים, הם מניחים מתנת כסף על התינוק (כיום, מטעמי היגיינה, הכסף נמסר במעטפה).

ביום הטבילה מוזמן ספּר לבית. מישהו מניח את התינוק על ברכיו ואוחז בדאגה רבה בראש התינוק כדי שיהיה יציב וזקוף. באותה העת הספּר מגלח בעדינות את שיערו של התינוק. הספר מקבל תשלום כספי עבור עמלו, וכן אגוז קוקוס וחופן של אורז. כמו כן הוא מקבל מעט "בקשיש" (מתנת כסף).

בימינו, בני הדור הצעיר רואים בגילוח שיער התינוק מנהג מיותר חסר כל בסיס במקרא. לא ייתכן כי מנהג זה הועתק מהשכנים ההינדים, שהיו מגלחים את שערם כאות וכסימן לאבל על מות הורה.

בערב לובשת האם סארי חדש ועונדת זר פרחים ("ווני") סביב שערה.

בהודו היו הגברים מצטרפים לתפילת ערבית בבית הכנסת. בישראל אם יש מניין של עשרה גברים, מתקיימת תפילת הערבית בבית.

עם סיום התפילה מחזיקים את התינוק על ברכיים, ואדם אחר מחזיק צלחת הגשה המכונה "תָ'לָה" (פנכה גדולה מצלחת הגשה לסעודה), מעל לראש התינוק. מניחים כמה ממתקים – כדורי "לאדו" על הצלחת ומגלגלים אותם מצד לצד בכיוונים שונים. על הטקס הזה חוזרים כמה פעמים. הילדים הקטנים נאבקים לקבל כמה שיותר מהממתקים. פרט לכדורי ה"לאדו" שמגלגלים, כל משתתף מתכבד לאחר מכן בממתק (בישראל, סוכריות מחליפות את ה"לאדו").

לאחר מכן מתקיימת תפילת הודיה – "מָלִידָה", ואחריה מזמרים שירים ופיוטים ומגישים ארוחת ערב.

בר מצווה

כאשר מגיע ילד לגיל שלוש-עשרה ויום הוא נחשב בוגר ויכול להשתתף ב"מניין". בהודו לא נהגו לקיים טקס מיוחד לציון מאורע זה. בד לבן באיכות גבוהה באורך של מטר או שניים היה נרכש מכספי ההורים, וטלאים נתפרו בארבע כנפות הבד. לעתים פינות אלה עוטרו ברקמה. לאחר שהוסיפו לולאות עגולות לארבע הכנפות, שלחו את הציצית לחזן, אשר בתמורה לשכר מועט היה קושר אל פינותיה את פתילי הציציות כנדרש.

במועד הבא של יום חג, קראו לילד לקרוא מהתורה בפעם הראשונה.

כיום, בישראל ובהודו כאחת, נהוג לתת לילד גם את התפילין שלו כאשר הוא הופך בר מצווה. לשם כך הוא מצטרף לתפילת שחרית בימי השבוע, ועדיף שיצטרף ביום שני, ביום חמישי או בראש חודש, אם הוא חל סמוך ליום הולדתו. אם התכונן ולמד, הוא קורא בתורה, ואם לא – קוראים ממנה לפניו.

כיבוד קל מוגש בתום התפילות.

מסיבה גדולה יותר נערכת בשבת. בדרך כלל הבנים מתכוננים לקריאת המפטיר וההפטרה. לעתים הנער קורא גם חלקים נוספים מהפרשה.[6] לאחר שקרא הילד את המפטיר ואת ההפטרה ובירך, הוא חוזר על ברכות בר המצווה המיוחדות,[7] והאב אומר את הברכה שעל פיה הוא פטור כעת מהאחריות לבנו.

בדרך כלל מארגנים ההורים מסיבה גדולה סמוך למועד בר המצווה.

---

6 יש חתני בר מצווה ששוקדים וקוראים בשבת את הפרשה כולה.

7 תפילה שקורא חתן הבר מצווה: "אלוקי ואלוקי אבותי באמת ובתמים אשא אליך את עיני ביום הגדול והקדוש הזה [...]" (התפילה מופיעה בסידור של בנ"י שהודפס בארץ).

ש': מדוע לא נתנו כל בני ישראל לבניהם תפילין במועד של בר המצווה שלהם?

ת': אפשר היה להכין ציצית (טלית) בבית, אך תפילין אי אפשר היה להשיג בקלות. נוסף על כך, כאשר התפילין מוזכר במקרא (שמות י"ג, ה' וי"א), נאמר: "וְהָיָה כִּי-יְבִאֲךָ יְהוָה אֶל-אֶרֶץ הַכְּנַעֲנִי", לכן יש שסברו שבתפוצות אין חובה להניח תפילין.

בת מצווה

אירוע בת מצווה לבנות אופנתי בימינו ונערך כאשר מגיעה הבת לגיל שתים-עשרה.

בהודו טבלה הבת במקווה לאחר קבלת הווסת בפעם הראשונה, אז קיבלה במתנה את הסארי הראשון שלה. מיני מתיקה היו מוגשים לבני הבית בלי לציין מהי הסיבה.

בישראל, במלאות לבת שתים-עשרה שנים עורכים מסיבה גדולה באולם אירועים. זה המנהג הרווח כיום.

כיום יש מעטים אשר הצטרפו לקהילה הקונסרבטיבית, והם מכינים את הבת לעלייה לתורה ולקריאה בה.

אירוסין

אם אלה הם נישואים מתוך אהבה, הנער והנערה מסדירים ביניהם את הדברים ומודיעים להוריהם. אם ההורים מסכימים, הורי שני הצדדים נפגשים כדי להסדיר את תאריך החתונה ונושאים אחרים.

אם אלה נישואי שידוכין, קרוב משפחה, חבר או שדכן מציע לצד השני את הנער או את הנערה. מבקשים אישור משני הצדדים ואם צד אחד מסכים, הצד השני מקבל הודעה בהתאם לכך.

אם התשובה שלילית, אין צורך לתת הסברים. אם התשובה היא חיובית, הורי הנער והשדכן מבקרים את הורי הנערה ומביאים עמם מיני מתיקה. מנהג זה נקרא "תּ'וֹנד-גוד קארנֵיי", ותרגומו המילולי הוא: "להמתיק את הפה". השדכן מגיש מעט מיני מתיקה בפי הנערה ואחרי כן בפי הנער ובפי ההורים.

שני הצדדים שולחים מיני מתיקה לקרוביהם בלוויית הבשורות הטובות. מתחילים במשא ומתן על תאריך החתונה ועל פרטים אחרים. בימינו לא נוהגים לבקש נדוניה.

טרם מתחילים בהכנות לחתונה, כל צד מקיים טקס אזכרה לקרובים שהלכו לעולמם, המכונה "אוּד" (טקס זה פורש לא כראוי, כניסיון לפייס את המתים כדי שלא יציבו מכשולים. הסיבה האמיתית לטקס היא כי מוטב שכל דבר השייך למוות לא יהיה מעורב בימים של שמחה ובשורות טובות. משום כך ימי האזכרות הצפויים נדחים לאחר החתונה).

שבוע או שבועיים לאחר מכן מתקיים טקס המָלידה, וההכנות לחתונה מתחילות. נקבע יום שיכריזו בו על האירוסין. האירוע מתקיים בדרך כלל בבית הכלה.

החתן בחברת הוריו, חבריו והשדכן מתקדמים לעבר בית הכלה. הם מביאים עמם מיני מתיקה הודיים,[8] בדרך כלל "פֶּדה" – ממתקים עשויים מחלב. כמו כן הם נושאים תכשיטים שברצונם להעניק לנערה. "הפדה" והתכשיטים מוגשים בצלחת גדולה – "תָּ'לָה", המכוסה בד לבן.

---

8 המטבח ההודי מצטיין במגוון של מיני מתיקה. בנ"י, כמו שאר תושבי הודו, מחבבים מאוד מיני מתיקה אלה. כך היה בהודו וכך גם כיום – בישראל.

החזן או אחד הזקנים מוזמן לנהל את הטקס. החתן והכלה מתיישבים זה מול זה. מציבים על ידם שולחן ועליו מונחת צלחת הפדה והתכשיטים. מנהל הטקס מכריז על האירוסין. הנוסח הבסיסי הרגיל הוא כדלקמן:

"התכנסנו כאן היום בתור עדים לאירוסין של העלמה [...] בתו של מר [...] ל[...] בנו של מר [...]"

מנהל הטקס רשאי להרחיב ולהוסיף את ברכותיו לזוג הטרי.

לאחר מכן מנהל הטקס מזמין ארבעה מוזמנים זקנים שיתקרבו אל בני הזוג. הם אוחזים בכיסוי, ומנהל הטקס אומר: "בשם **ה'**" ומסיר את הכיסוי מהצלחת. הוא מרים את הטבעת, מראה אותה למוזמנים, מושיט אותה לאבי הכלה והלה מוסר אותה לכלה.

הכלה והחתן מחליפים ביניהם זרי פרחים. אם יש תכשיטים אחרים לתת לכלה או לחתן, מנהל הטקס מציג אותם לראשונה למוזמנים ואז מעביר אותם לבני הזוג. לעתים קרובי משפחה מדרגה ראשונה שמים כמה מטבעות בכף היד של הכלה או של החתן. מנהל הטקס מברך את החתן והכלה. מסיבה או סעודה נערכת בסיום הטקס.

טקסים קטנים רבים היו נערכים לפני החתונה בחוג המשפחה והקרובים. ייתכן מאוד כי הטקסים הללו אומצו מהשכנים, אבל אין בהם משום עבודת אלילים או כל דבר השייך לדתם של השכנים.

טקס כזה הוא ה"הילְנאצָ'ה-מוּרט" – מושג שכוונתו: להתחיל את תהליך החתונה במזל טוב ובהצלחה. "סוואסון" הוא מונח במראטי המציין נשים נשואות ולא אלמנות (המשמשות כשושבינות למזל ולברכה). חמש נשים כאלה צריכות לשבת על נדנדה גדולה בעיצוב הודי שמכונה "הילְנָה". מורחים משחת כורכום צהובה על ארבע פינות הנדנדה, והנשים שרות שירי חתונה ומגישות ממתקים.

אם אין נדנדה, פורשים סדין לבן ומניחים לכבוד הכלה שרפרף נמוך המכונה "פאת". מורחים משחת כורכום צהובה על ארבע פינות הסדין.

חֶנָה

את הטקס זה מכנים בנ"י בשם "מֶנדי" במראטי ו"מֶהנדי" בהינדי.

בעבר התקיים טקס זה בבית הכלה בנפרד ובבית החתן בנפרד בלילה שלפני החתונה. כיום נוהגים לחגוג אותו כמה ימים קודם לכן, ובמקרים רבים עורכות את הטקס שתי המשפחות יחד.

מוהלים משחת כורכום ואבקת "אותָנָה" בעלת ריח נעים בחלב קוקוס ומושחים בהן את הכלה. לאחר מכן היא מתרחצת ולובשת סארי חדש (בדרך כלל בצבע ירוק) ושיערה מעוטר בזר "וֶוני".

היא עונדת צמידים ירוקים[9] בפעם הראשונה בחייה (צמידים ירוקים הם סימן למעמדן של ה"סאווסון").

לאחר מכן מגישים לה אורז ממותק עם נזיד עדשים בצלחת גדולה מאוד, והיא מזמינה רשמית את זקני המקום הנוכחים, כל אחד בשמו, להשתתף בארוחתה. מובן שהם אינם מצטרפים אלא אומרים לה: "אכלי, בבקשה, שהשם יברך אותך." אחרי כן כל הילדים הקטנים הנוכחים נקראים להשתתף בארוחה, והם אכן אוכלים מאותה הצלחת שהכלה אוכלת ממנה. היא אוכלת לפחות חמש נגיסות מלוא הפה.

לאחר מכן הכלה נוטלת את ידיה ומתיישבת בכיסא מכוסה בסדין לבן. כיסא אחר מציבים מאחוריה, ובו מושיבים ילד קטן, על פי רוב אחי הכלה, והוא מכונה "קָרְוֹנָלָה" – שושבין. ליד הכלה מניחים נפה המשמשת כמניפה ובתוכה מעט אורז, קוקוס וגוש "ג'אגֶרי" – גוש סוכר טהור המופק מקני סוכר. זהו סוכר לא מזוקק. זר פרחים ותכשיט מכסף שצורתו זר המכונה

9 הצבע הירוק מסמל שפע, רעננות, התחדשות ופריון.

"שֶׁרָה" מעטרים את מצחה של הכלה. בזר הפרחים יש כמה גדילי פרחים המשתלשלים מעל עיניה, וכך גם זר הכסף. לפני שעונדים את הזרים למצחה של הכלה, נוגעות בהם חמשת שושבינות ה"סוואסון" ועונדות אותם על מצחיהן.

יש משפחות שהזר ("שֶׁרָה") עשוי הכסף הוא נכס משפחתי בהן.[10]

משחת החנה נמשחת סביב האצבע המורה הימנית של הכלה. כמה טיפות מים מוזלפות עליה מדי פעם כדי שלא תתייבש. משחת החנה נמרחת גם על אצבעו המורה של השושבין – ה"קרוולה".

הנוכחים ניגשים אט-אט, מסובבים בידיהם כמה מטבעות או שטרות של כסף מסביב לראש הכלה ומניחים אותם על המניפה.

הנשים שרות שירים המיוחדים לטקס החנה במראטי ובהינדי.

ארוחה צמחונית מוגשת לכל הנוכחים. מרכיב מיוחד בארוחה הוא "גהָרִיָה" (זהו סוג של סופגנייה המזכירה את ה"דונטס" האמריקאיים, אך היא שטוחה יותר ועשויה מקמח חיטה ומקמח אורז. סופגניות הגהריה מתוקות ומטגנים אותן בשמן).

עם סיום הסעודה מניחים כיסא ליד הכלה. כיסא זה מיועד לאם הכלה. כמה מבנות המשפחה מניחות, כל אחת בתורה, סארי חדש על בטנה של אם הכלה ומברכות. הסארי ניתן לה במתנה. מנהג זה קרוי "פוט זַקְנֶה" (פירושו: לכסות את הבטן). לאחר מכן קרובות משפחה אחרות מניחות את הסארי שלהן על גבה של האם. הן מלטפות את גבה וטופחות עליו קלות כמה פעמים. אם אין מניחים כיסא ליד הכלה, פירוש הדבר הוא שאין בכוונתה לקבל סארי מהאורחים.

טקס דומה מתרחש במעונו של החתן. אחרי שהוא טובל את אצבעו במים, מושחים אותה במשחת חנה. לאחר מכן באים כמה אנשים מביתו של החתן

---

10 זהו פריט יקר ובעל ערך רגשי, והוא עובר בירושה במשפחה. לעתים הוא מושאל לכלות אחרות ביום שמחתן.

ומביאים עמם קורט חנה למקום שבו נמצאת הכלה (בהודו הם נוהגים לבוא לשם בתהלוכה. כיום, בישראל, הם מגיעים בכלי רכב). החתן אינו מתלווה אליהם.

עם הגיעם לבית הכלה, הכלה שוב תופסת את מקומה בכיסאה והחנה שהם מביאים מתווספת לחנה שעל אצבעה. לאורחים מוגש כיבוד. כשהם נפרדים לשלום, הכלה יכולה להסיר את החנה.

משפחות שמצבן הכלכלי היה טוב היו מזמינות תזמורת כלי נשיפה בסגנון ה"שֶׁהאנָי"[11] שתנגן בזמן הטקס. כיום נגן תקליטים מחליף את הלהקה.

החתונה

בין החתונות שנחגגו בעבר לבין החתונות הנחגגות היום חלו שינויים רבים, לטוב ולרע. ראשית, אתאר את החתונות כפי שנחגגו בעבר ואחר כך אתאר את החתונות הנחגגות בימינו.

טקס החתונה כפי שנחגג בעבר

יום ראשון הוא יום שבתון בהודו, ולכן חתונות נחגגות בדרך כלל בימי ראשון. תכשיטים וחפצים נוספים הנשלחים מהחתן לכלה נקראים "בָּרְיָה". מלבד תכשיטים יש בין החפצים גם ערכת איפור, שני סארי בשני צבעים שונים, חולצות תואמות לסארי ושמלות תחתונות.[12]

נהוג היה לבוא בתהלוכה אל בית הכלה בבוקר יום החתונה (היום נהוג להגיע במכוניות ולאו דווקא ביום החתונה). בדרך כלל המתנות לכלה נשלחות ביום של החנה.

11 סגנון מוזיקלי הודי הנהוג בחתונות.

12 חצאיות ארוכות שלובשות הנשים מתחת לסארי.

הכלה הייתה ישובה על כיסא, שסדין לבן פרוס עליו. כל פריט היה מוצג לפני הנאספים ולאחר מכן מוגש לכלה או לקרוביה. לעתים היו הכלה והחתן נוהגים לצום ביום חתונתם מן הבוקר והצום היה נשבר ביין הקידוש.

בבתי הכלה והחתן הייתה מוגשת אחר הצהריים סעודה בשרית לקרובים ולחברים. לפני הסעודה היו עורכים טקס הודיה (מָלידה).

הכלה והחתן היו מתלבשים לחתונה. כמה נשים מבוגרות היו עוזרות על פי רוב לכלה לענוד את הזר לראשה ולהתכסות בהינומה.

שמש בית הכנסת היה נשלח לבית החתן. כשהחתן היה מוכן לעזוב את הבית, היו השמש ופמלייתו שרים "תורת אמת נתן [...]"[13] ומלווים אותו בדרכו במכונית או בכרכרה. בהגיעם לבית הכנסת היה אבי החתן מתלווה אליו. בהיעדר האב, מילאו את מקומו כמה קרובי משפחה מבוגרים. החזן בלוויית פמליית החתן היה פוסע לקראת הכניסה ומביא עמו את החתן, וכל אלו היו שרים "תורת אמת נתן [...]" אז היו כל בני הקהילה עומדים על רגליהם לכבוד החתן ומקבלים את פניו.

בכמה מקומות היו מעמידים כיסא לפני ארון הקודש, והחתן תפס בו את מקומו (מנהג בנ"י במומביי). במקומות אחרים היה החתן מובל ישר לתיבה (מנהג בנ"י בפּוּנָה).

כאשר היו מתפללים את תפילת המנחה, היה כלי הרכב שהביא את החתן ואת השמש נשלח כדי להביא את הכלה.

הכלה הייתה מובלת בלוויית אביה או כמה קרובי משפחה מבוגרים. החזן היה שר "תורת אמת נתן [...]" כאשר הקהילה קמה לכבוד הכלה וקיבלה את פניה.

אם ישב החתן לפני ארון הקודש, היה מתלווה לכלה ושניהם היו פוסעים ביחד לעבר התיבה. אם כבר היה ליד התיבה, היה עומד ומתקדם לקראת המקום שבו שליח הציבור עומד בעת התפילה. הכלה הייתה מתיישבת

13 החצי האחרון של הפיוט "יגדל אלוקים חי".

בכיסאה והחתן היה קם על רגליו, פניו לארון הקודש ושר את הפיוט "יונתי זיו",[14] והקהל משתתף בפזמון "נאווה מכל עלמות".

שני עדים היו מוזמנים. החתן התעטף בציצית (טלית) שלו ואחז בכוס תירוש ("שרבט"). שרשרת וטבעת קשורות לחוט נטבלו בכוס. הקצה השני של החוט השתלשל מחוץ לכוס. החוט שימש כדי למשוך את השרשרת ואת הטבעת מהכוס, בלי שיהיה צורך לטבול את האצבעות במשקה

(בעבר שימשה במקום שרשרת הזהב שרשרת "לָאצ'אה" – שרשרת של חרוזים שחורים קטנים וחרוז זהב במרכזה).

רק מי שהיה סמוך לתיבה נותר עומד, וכל השאר התיישבו. אחרי כן היה החתן בעצמו מברך את הקידוש של ברכת האירוסין. הקהל היה עונה: "ברוך הוא וברוך שמו" ו"אמן".

בסיום הקידוש, נמשכו השרשרת והטבעת מהכוס (בזהירות רבה ניגבו אותן וייבשו אותן כדי לא להכתים את בגדי הכלה). החתן היה לוגם מחצית מכוס היין (ה"שרבט"). את הנותר לגמה הכלה, לשם כך החתן קירב את כוס הזכוכית לשפתיה. בשעה ששתתה הפטיר פעמים: "בא קדושיכי."

אחר כך היה אומר: "אם אשכחך ירושלים..." ושובר את הכוס שהם שתו ממנה. כשהיה אומר "הרי את מקודשת [...]" היה עונד את הטבעת לאצבעה, ואת השרשרת (או את ה"לאצ'אה") עונד סביב צווארה.

---

14 מנהג יחודי לעדת בנ"י, גם בימינו יש רבים הנוהגים כך. לחן הפיוט הינו לחן מקורי של יהודי קוצ'ין בשינויים קלים. לא ידוע מתי ואיך נוסד מנהג ייחודי זה. באחת משיחותיי הרבות עם המחבר, נאמר לי מפיו שעל פי המנהג המקורי, החתן היה פונה לכיוון ההיכל ושר את הפיוט "יונתי זיו" בעת שהכלה עומדת לידו תחת החופה. לא כך קורה בימינו: כיום הכלה פוסעת לאטה לעבר התיבה והחתן עומד על תיבה, פונה לעברה ושר וגבו להיכל. הלא פיוט זה הוא שיר אהבה וכיסופים לא"י ולירושלים ולא נועד לכלה. השינוי במנהג המקורי הנ"ל חל לטענתו לפני שנים רבות: רב כלשהו אשר נכח באחת מן החופות של בנ"י, התרשם מאוד מהטקס ומהפיוט וסבר שהפיוט הוא שיר אהבה לכלה מאת החתן. לכן הציע לבנ"י שהחתן ישיר את הפיוט ובו בזמן הכלה תלך לאטה לעברו אל התיבה. בנ"י ראו כי טוב וקיבלו את הצעתו, ומאז זה המנהג.

טרם הקריאו את הכתובה, היו מזמנים מישהו לקרוא "בשם רחמן [...]" – הקדמה לקריאת הכתובה. אחר כך היה החזן קורא את חוזה החתונה המכונה "כתובה" ("אַקְטָנָה" במראטי, בפי בנ"י). הוא היה קורא את הכתובה כמעט עד סופה, למעט הפסקה האחרונה. החזן והחתן היו אוחזים בשני הפתילים הקדמיים של ציצית החתן, והחזן היה מתחיל לקרוא: "מפי קדוש [...]" עם סיום טקס השבועה החתן, הכלה, העדים והחזן היו חותמים על הכתובה. לאחר מכן החזן היה מקריא את הפסקה האחרונה, והחתן היה מוסר את הכתובה לכלה.

בני הזוג לא היו מתנשקים מתחת לחופה בפומבי מטעמי צניעות. הדבר צריך להיעשות בפרטיות.

ה"שרבט" היה נמזג לשתי כוסות. החתן היה אוחז בכוס אחת, והאדם שאמר את שבע הברכות היה אוחז בכוס השנייה. בני הקהילה היו קמים על רגליהם, ואחד מהמבוגרים בקהל או החזן היו אומרים את שבע הברכות. בני הקהילה היו מצטרפים אליו ואומרים: "ברוך הוא וברוך שמו", "מלך העולם" ו"אמן". כמו כן היו הכל חוזרים אחריו אחרי כל ברכה. הכלה והחתן היו שותים מהכוס שלהם, וכל מי שביקש ללגום יכול היה לשתות מכוסו של החזן. בני הזוג שנישאו זה עתה ישבו זה לצד זה, והחזן היה מברך אותם. מי שרצה לתת מתנות היה עולה ומושיט את המתנה לחזן. החזן היה מכריז על המתנה ומושיט אותה לבן הזוג שהייתה מיועדת לו.

החזן היה מתחיל בשירה "תורת אמת נתן [...]" כולם היו קמים. ההיכל היה נפתח, ובני הזוג היו מובלים לעבר ההיכל. הם היו מנשקים את ספרי התורה ויוצאים מבית הכנסת. טרם עזבו את בית הכנסת היו תורמים כסף בקופת הצדקה.

כשפסעו בני הזוג אל מחוץ לבית הכנסת הייתה אם הכלה או בהיעדר האם, כל קרובת משפחה מבוגרת, מבצעת את טקס ה"ווטי-בָּרְנֶה" של הכלה.

מבית הכנסת היו בני הזוג שזה עתה נישאו יוצאים לעבר בית הכלה, מלווים בתהלוכה של חברים וקרובים ובלוויית תזמורת כלי נשיפה. בני הזוג היו מובלים לשם בכרכרה, ושאר האורחים היו הולכים ברגל.

בכל פעם שהתהלוכה הייתה עוברת בדרכה ליד בית של בנ"י, נעצרה לכמה רגעים, ואחד מבני הבית היה יוצא החוצה ובידו צלחת ובה סוכר וכפית ושם בפיהם של בני הזוג מעט סוכר, ואז התהלוכה הייתה מתקדמת. כיום מנהג זה אינו מתקיים, כי בני הזוג מובלים במכונית מבית הכנסת, ובדרכם הביתה הם נכנסים להצטלם בסטודיו לצילום, מזכרת מיום חתונתם.

בבית

היו שאמצו את הנוסח של האופנה האנגלית כפי שיתואר בהמשך. המתואר כאן הוא ההליך המקורי של בנ"י.

לאחר הנישואים היה הזוג מבלה את הלילה הראשון בבית הכלה. עם הגיעה לביתה הכלה הייתה מסירה את הזֵר ואת ההינומה ומחליפה את הסארי שלה. סארי החתונה שלה היה לבן, ומעכשיו תלבש סארי צבעוני.

כמה בנות צעירות ממשפחת הכלה היו מביאות "**ת':**לי" ומים ב"תַּבְּיָה" (כלי שמשמש גם לנטילת ידיים). הן רחצו את כפות רגליהם של בני הזוג. מנהג זה קרוי "פָּאי דָהָוּוֶה" (תרגומו המילולי: רחיצת רגליים). לאחר שייבשו את כפות רגליהם, היה החתן שומט כמה רופיות למים. כסף זה נקרא "כּוּשָׁלִי" (משמעו: מתנה כספית). מי שרחצו את רגליהם של בני הזוג קיבלו את הכסף כמתנה.

כאשר החתן היה מסיר אחת מנעליו, היו הצעירים מחביאים אותה. הנעל הייתה מוחזרת לחתן רק לאחר שהובטח לצעירים בתמורה קצת "כּוּשָׁלִי".

מכיוון שרוב החתונות סודרו בשידוכים, התביישה הכלה לבטא את שם החתן בגלוי. עכשיו נתבקשה לומר את שמו לפני כולם והייתה מבטאת

את שמו בתוך צמד שורות מתחרזות, וכך היה עושה גם החתן לזוגתו. אם החתונה נחגגה לפני השקיעה, שבע ברכות היו נאמרות בסוף הסעודה.

מי שהעדיפו לחגוג את נישואיהם בסגנון המודרני האנגלי קראו למסיבה בשם "מסיבת עוגה-יין". בדרך כלל הייתה חתונה כזו מתקיימת באולם חתונות. בני הזוג היו מגיעים מהסטודיו לצילום והאורחים היו מקבלים אותם. אם החתן היה איש צבא, הוא היה נישא לבוש במדיו, ומשמר כבוד היה מקבל את פניו, בטקס הנפת חרבות. אם החתן היה שחקן הוקי, קבוצת ההוקי הייתה מארגנת משמר כבוד באחזם בידיהם את מקלות ההוקי.

עוגת החתונה הייתה נפרסת בידי הכלה והחתן, והם אכלו פרוסה. העוגה נלקחה למטבח ושם נפרסה לפרוסות (במטבח הוכנו מבעוד מועד מגשים ובהם פרוסות עוגה. פרוסת העוגה של החתן ושל הכלה הונחה בצד).

מישהו היה מרים כוסית "לחיים" ומברך, ויין "פורט"[15] היה נמזג לכולם. לאורחים היה מוגש כיבוד קל, ולעתים אף הוגשה ארוחה שלמה, ולאחריה התקיימו באולם ריקודים סלוניים.

יום המחרת - "ווארָאט" (תהלוכה)

למחרת בבוקר הורי החתן ועוד כמה קרובים היו מבקרים את משפחת הכלה (שנים שאין זכר למנהג הקדום של בדיקת סדין הכלולות). בני הזוג היו מבלים את זמנם בכמה משחקים, שאחד מהם הוא "**האת':**אוּקָדנֶה" (פירושו המילולי הוא: להרתיח את היד).

"מוֹדוּק לָאדוּ" (ממתק עשוי בצק אורז ממולא בצימוקים ובקוקוס ומבושל באדים) היה מוגש לבני הזוג. כל אחד מהם אמור למשוך מהכלי כמה שיותר

15 יין מובחר שהיה מיובא מאנגליה.

מן הממתקים המוגשים רותחים. בדרך כלל היו הורי הכלה מעניקים לחתן טבעת זהב.[16]

האורחים כובדו בארוחה צמחונית שנקראה "דָאל בהאטְ-צ'ה ג'וואן" (סעודת אורז ועדשים).

בערב היו מגיעים קרובים ומכרים מצד החתן לבית הכלה. בני הזוג היו עומדים זה לצד זה, וכל אחד ממשפחת הכלה היה מאכיל אותם במעט סוכר. בדרך כלל היו מעניקים לכלה מתנות קטנות שיהיו לה לעזר בחייה החדשים.

כעת היה על הכלה להיפרד מהוריה, לעזוב את ביתם ולומר להם "שלום", ולכן היו חיבוקים רבים, נשיקות ובכי.

מבית הכלה היו יוצאים לבית הכנסת לתפילת ערבית. בני הזוג היו יושבים יחד באולם הראשי. החזן נהג להתחיל את התפילה במזמור מ"ה בתהילים.

בסוף התפילות היה החזן מברך את בני הזוג באותה ברכה שבירכם בחתונתם (זוהי ברכה ארוכה למדי).[17]

אחר כך היה ארון הקודש נפתח והחזן היה מזמר:"תורת אמת נתן..." בני הזוג היו עומדים לפני ארון הקודש, מנשקים את ספרי התורה ומניחים כסף לצדקה. אז היו עוזבים את בית הכנסת והולכים לבית החתן.

---

16 ללא כל קשר למי שזכה בתחרות. ברוב רובן של תחרויות אלה הייתה ידה של הכלה תמיד על העליונה. הדבר מעיד כי כפות ידיה של הכלה רגילות לחום, ושהיא בשלנית המבלה במטבח בין סירים חמים, עדות שהיא אינה מפונקת.

17 בעת החופה, אחרי שבירת הכוס לאות אבל על חורבן בית מקדשנו, החזן מתחיל וקורא בניגון: "הא מצלחא הא מקשטא [...]" וממשיך: "ישמח חתן בכלה וכלה תשמח בחתן [...]" ורק לאחר מכן נותן "מי שבירך" מיוחד המיועד לחתן ולכלה. לכל אחד מהם יש נוסח שונה ומיוחד של "מי שבירך", המתחיל במילים "וה' אלוקים אמת", אך במצב שמתאר המחבר, מסתפקים אך ורק ב"מי שבירך" פעם את לחתן ופעם אחת לכלה, ללא כל ההקדמות שפורטו לעיל. את "מי שבירך" נמצא בספרי קודש ישנים שהדפיסו בנ"י בהודו בעבר ובימינו גם בישראל. כיום חלק ניכר מחופות בנ"י נערכות באולמות שמחה, ובהם לא תמיד מקפידים על מנהגים אלו, ואף ה"מי שבירך" המיוחד לרוב לא נאמר, כך הדבר לעתים גם כשהחופה נערכת בבית כנסת. כולם, בהם החתן והכלה, מאיצים ברב המקדש (לעתים הוא מבנ"י), מאחר שכולם ממהרים לאולם השמחות.

היום, בתקופתנו

רוב הזוגות מוותרים על כל הטקסים המקדימים וניגשים ישירות לטקס החֶנה ולחתונה.

חֶנה

כיום טקס החנה אינו מתקיים בערב יום החתונה. הטקס מתקיים כמה ימים או כמה שבועות לפני החתונה.

בדרך כלל החתן והכלה עורכים יחד את טקס החנה שלהם באולם אירועים. האורחים נותנים מתנות במזומן, ממש כמו בחתונה.

גם על האורז המתוק עם העדשים מוותרים. משחת החנה נמשחת על אצבעות שני בני הזוג בו בזמן. אין זמר ששר שירים, אבל מערכת ההגברה מחרישה את האוזניים במוסיקת דיסקו שהזוגות הצעירים מתחילים לרקוד לקולה. בדרך כלל החתן והכלה מצטרפים אליהם.

לעתים מתקיים טקס ההודיה, המָלידה, ולעתים מוותרים עליו. רק דתיים שומרי תורה ומצוות מברכים ברכת המזון אחרי הארוחה. ארוחה בשרית מוגשת לאורחים. שירות הסעדה מספק כל מה שנדרש ("קייטרינג") לחֶנה, ויש בו משום תועלת גדולה לשני הצדדים.

החתונה

בבוקר יום החתונה, הכלה והחתן הולכים לסלון יופי ולסטודיו לצילום. האורחים מתחילים להגיע לאולם באיחור קל מהשעה היעודה שהוזמנו. כיבוד קל ומשקאות מחכים להם במבואה.

הורי הכלה והורי החתן מקבלים את פני אורחיהם בכניסה לאולם, ולצִדם עומדת כספת ובה חריץ שבו האורחים משחילים את המעטפות ובהן המזומנים או ההמחאות שברצונם לתת כמתנה. לאחר שהאורחים מברכים את הורי הכלה והחתן, הם תופסים את מקומם ליד השולחנות שעליהם מחכים להם מיני מתאבנים.

הכלה והחתן מגיעים יחד לאולם. הכלה נפנית לחדר צדדי וממתינה שם. החתן ועמו שני עדים והרב יושבים בצד וחותמים על הכתובה. הרב שולף את המטפחת שלו, הוא והחתן אוחזים בה ומקיימים את טקס השבועה.

כאשר ניתן אות מפי נגן התקליטים (המופקד על מערכת המוזיקה ופועל גם כשר האירוע), מובא החתן לחופה בלוויית אביו ואבי הכלה, כל אחד מהם אוחז בזרועו. לאחר מכן הכלה מלווה בדרך דומה בשתי האימהות.

הרב אומר את ברכתו על היין ושותה. אחרי כן שותים החתן והכלה, וכוס היין מועברת לכל מי שרוצה לשתות ממנה. הרב שולף כוס זכוכית מכיסו, לעתים עטופה הכוס בנייר אלומיניום. החתן דורך על הכוס ושובר אותה. מיד לאחר מכן נשמעות תרועות חצוצרות, מחיאות כפיים, שירה וריקודים.

בני הזוג מתבקשים להתנשק, ואכן הם עושים זאת.

אפשר שעוגת החתונה תיפרס לקראת סוף המסיבה או תישאר שלמה. מנהל האולם מחלק את העוגה ונותן מחציתה להורי החתן ואת המחצית השנייה להורי הכלה.

בדרך כלל פורשים בני הזוג ונוסעים לבית מלון לירח הדבש. כאשר עוזבים האורחים, ההורים משני הצדדים מתיישבים לפתוח את המעטפות שהתקבלו וליישב את החשבונות עם מנהל האולם.

השוואה בין הנוסח הישן לבין הנוסח החדש של החתונות

בשיטה הישנה: כאשר הכלה או החתן היו נכנסים לבית הכנסת, כל אחד לחוד, כל הקהילה הייתה קמה על רגליה לכבדם ולקבל את פניהם.

היום: כאשר בני הזוג נכנסים לאולם, אוחזים אבי החתן ואבי הכלה בחתן (לצופה מהצד נראה כאילו הם מונעים ממנו להימלט). בדומה לזאת, הכלה מביאות את הכלה שתי האימהות.

האורחים אינם צריכים לעמוד על רגליהם, כי הם עסוקים במתאבנים ובמשקאות שלהם.

בשיטה הישנה: החתן היה מתעטף בציצית (טלית) שלו לכל אורך הטקס.
היום: הוא אולי יתעטף בטלית שלו רק בעת שבע הברכות.

בשיטה הישנה: החתן והכלה לא חלקו עם מישהו אחר את היין שהחתן קידש בו את נישואיו.
היום: ראשית הרב לוגם מן היין, ואחר כך מכבדים בו את החתן והכלה.

בשיטה הישנה: החתן היה שובר אותה הכוס עצמה ששתה את יינו ממנה, כדי לציין שזהו הרגע המשמח ביותר בחייו. כן, הוא שובר אותה כוס שהביאה לו אושר זה, כדי לציין שלא ישכח את ירושלים.
היום: החתן דורך על כוס אחרת. זו אינה הכוס שבה בירך.

להבדיל – אצל עובדי אלילים בתרבויות שונות, חלקן עתיקות, היה נהוג לשבור כלי חרס או זכוכית או צלחת בזמן החתונה, כדי להסיר מעל ראשם של בני הזוג אותות מבשרי רע.

31

בשיטה הישנה: החזן והחתן היו אוחזים בשני הפתילים הקדמיים של ציצית (טלית) החתן במהלך השבועה.[18]

היום: הדבר נעשה באמצעות המטפחת של הרב (ואולי לא תמיד היא נקייה...).

בשיטה הישנה: המעשה הראשון של הכלה כאישה נשואה היה לפעול בהתאם לאמונתה באמצעות נשיקת ספר התורה ומתן צדקה, בשלשלה מטבעות לקופת הצדקה.

היום: רק לרקוד ו"לעשות שמח".

נאווּאס (נדרים)

הנדרים היו מתבצעים בכמה דרכים. הדרך הנפוצה ביותר הייתה ה"מָלידה" או ההודיה.

כאשר היה בן משפחה נופל למשכב ומאושפז בבית החולים, אחד מבני המשפחה היה אומר: "אם הוא חוזר הביתה ונרפא, אני אעשה מָלידה".

בעבר הייתה תמותת הילדים בהודו גבוהה מאוד. כיום, תודה לאל, המצב השתפר בכל העולם. אך אם זוג היה מאבד תינוקות בינקותם, יש מהם שהיו נודרים נדר לגדל "שֶנְדִי" (צמה) לבן הבא שלהם למשך מספר מסוים של שנים. שמירה על "שנדי" פירושה ששום ששערה משערות ראשו של התינוק לא תיגזז מרגע לידתו ועד לזמן שנדרו עליו.

בדרך כלל הם חיכו שייוולד להם עוד ילד, ואז היה שיערם של שני הבנים מגולח בו בזמן.

נדר פופולרי אחר היה לשקול אדם באמצעות תמרים.

---

18 כך מנהג בנ"י בהודו גם היום.

בהודו, ברוב בתי הכנסת היה מוצמד וו קבוע וחזק לתקרה של המרפסת המקורה בכניסה. מאזניים גדולים אשר שימשו לשקילת שקי תבואה הובאו ונתלו על הוו. האדם שנשקל הונח באחת מכפות המאזניים ותמרים – בכף השנייה. כאשר הושג איזון בין שתי כפות המאזניים, נהגו להוסיף בצד של התמרים חופן נוסף של תמרים.

התמרים חולקו בין כל חברי הקהילה, ותרומות נתרמו לבית הכנסת. נוהל זה התבצע בדרך כלל לאחר טקס וסעודת ה"מָלידה".

היו גם נדרים נדירים. אתאר מילוי של נדר כזה שחזיתי בו במו עיניי בהיותי ילד:

הנדר היה של מר נחשון סנקָר מהעיר פונה, אשר נשבע שישקלו את שערו של נכדו בזהב. הילד היה בן עשר שנים, ומאז שנולד לא עלה תער על שערו. הטקס התקיים ביום ראשון, שהיה יום שבתון בהודו. ספר וצורף נקראו לבוא כדי לקיים טקס זה.

הילד הובא לבית הכנסת, וליד הכניסה לבית הכנסת גילח הספר את שערו ודאג לאסוף כל שערה מראשו.

כשהילד נכנס, זר לצווארו, הקהל שר "תורת אמת נתן [...]" הילד הובא לבית הכנסת בלוויית סבו והחזן והושב על התיבה כמו חתן.

הצורף שקל את השיער בזהב. הסב הוסיף עוד מעט זהב והציג זאת לפני כל באי בית הכנסת. הצורף קנה את הזהב בכסף במזומן. גזבר בית הכנסת הכין קבלה על הסכום וקיבל את הכסף כתרומה לבית הכנסת. ממתקים חולקו לבני הקהילה.

לפני שנים אחדות פגשתי את הנער הזה בבאר שבע, כיום הוא כבר איש צעיר.

אין אנו יודעים אם שמרו על המצווה בתורה האוסרת על נזיר לשתות יין ולאכול ענבים או מוצרים ומאכלים שמקורם מענבים.[19]

---

19 הנודר או הוריו לא כיוונו שיהיה נזיר ולא נדרו זאת. ככל הידוע בעדת בנ"י מעולם לא היו נזירים.

טקסי אשכבה

אם יש חולה שנמצא במצב קשה, אנשים מתחילים לקרוא פרקי תהילים. ברגע שחוט חייו נקטע, משלימים את המזמור שהוקרא באותו רגע והקריאה נפסקת.

כאשר הוא נושם את נשימתו האחרונה ונגוזה כל תקווה, מכינים מי סוכר וכל מי שנמצא בקרבתו מטפטף טיפות אחדות ממי הסוכר אל פיו.

אם אירע המוות בבית, קוראים לרופא לאשר את המוות. בישראל נחוץ גם להשיג רישיון קבורה מהמשטרה. אם קיים שירות קבורה מאורגן בעיירה (חברה קדישא) מודיעים להם, והאחריות לגופה מועברת אליהם. לאחר קביעת מועד הקבורה מודיעים עליו לחברים ולקרובים.

אם הנפטר מת בבית החולים, נשלחת הגופה לחדר המתים, ואין צורך ברישיון מהמשטרה.

אם המוות אירע בבית, ואין שירות קבורה מאורגן (חברה קדישא), אז אחרי שמשיגים את הרישיונות השונים, מניחים את הגופה על הרצפה, מכוסה בסדין בלבד. הדרך הנהוגה לעשות זאת היא זאת: ארבעה אנשים אוחזים בארבע כנפות הסדין שעליו השיב האדם את רוחו ומניחים את הסדין על הרצפה (עדיף בחדר אורחים).

כל הנוכחים קורעים קרע בבגדם (בישראל נהוג שהאדם המנהל את טקס הקבורה עושה את טקס הקריעה לאחר הקבורה). סדין אחר משמש כדי לכסות את הגופה כולה. נר מודלק למראשותיה. מישהו תמיד נשאר בחדר שבו נמצאת הגופה, כדי לא להותירה לבדה.

כאשר מגיעים מנחמים לביקור לא מחליפים מילות ברכה, רק מגלים את פני הנפטר, כדי שהאורחים יראו. לאחר שראו את פני הנפטר הם מכוסים שוב. המנחמים עוזבים בלי לברך ברכות שלום.

אם החברה קדישא כבר לקחה את הגופה, היא מובאת לקבורה לאחר שמבוצעת בה הטהרה (טקס רחיצה וניקוי הנפטר). אם טקס הטהרה מבוצע בבית, והגופה מוכנה, היא נעטפת בתכריכים ("כָּפָן").

כל הנוכחים רואים את פני הנפטר בפעם האחרונה, והאדם המופקד על ביצוע הלוויה שואל אם כולם ראו ומוודא זאת. אם מסיבה כלשהי יש קרוב משפחה שאינו יכול להגיע ללוויה, אך יכול להגיע לבית הקברות, מכריזים שהפנים יגולו שוב בבית הקברות. אך אם לא הוכרז תנאי כזה, לא יגולו הפנים שוב (לא ידועה לי הסיבה לזאת ואיני יודע מה המקור של מנהג זה).

הארון, המכונה "דוֹלוֹרָה" במראטי (בהינדי "דולי" פירושה אפִּריון), משמש כדי לשאת את גופת הנפטר. הוא נישא על כתפיים. אם לנפטר היו בנים, הם נושאים את הארון ראשונים (ראו בראשית ל"ה, כ"ט), לאחר מכן אחרים מחליפים אותם.[20] בישראל "הנובודתיים" (חרדים) אינם נושאים את גופת ההורים. הקורא אומר "שמע ישראל [...]" והקהילה חוזרת אחריו לפני שמרימים את ה"דולורה".

בדרך לבית הקברות נאמרות הקינות "שוכני בתי חומר [...]"[21] ו"שמע ישראל [...]" וחוזרים על הפסוק "הצור תמים פועלו [...]"[22] מדי פעם.

כאשר מתקרבים אל בית הקברות, מנמיכים את ה"דולורה", מורידים אותה מהכתפיים ונושאים אותה ביד. היא מונחת על הקרקע, לאחר כמה שניות

20 ראה שם בספר "טעמי המנהגים ומקורי הדינים", "קונטרס אחרון", עמ' תל"ו וז"ל: "[...] ונייחא גדולה יהא לאב בעת שבניו יעסקו בקבורתו, וג"כ ודאי יהיה זכות והנאה לבן בחייו ובמותו. ומנהגן של ישראל להקפיד על זה קפידה גדולה. ונלמד ממה שאמר הכתוב באברהם, יצחק ויעקב, כי קברו אותם בניהם. ומנהג המקומות שלוקחין האבלים והקרובים המטה על כתפיהם, ואחר כך שאר העם, כאשר כתב המגיה סימן שנ"ח ס"ג (מעבר יבק, אמרי נועם, פ' כ"ז)".

21 הקינה "שׁוֹכְנֵי בָתֵּי חוֹמֶר" לרבי שלמה אבן גבירול.

22 "הַצּוּר תָּמִים פָּעֳלוֹ כִּי כָל דְּרָכָיו מִשְׁפָּט אֵל אֱמוּנָה וְאֵין עָוֶל צַדִּיק וְיָשָׁר הוּא" (דברים לב', ד').

נאמר הפסוק "שמע ישראל", ושוב היא מונפת. לאחר כמה צעדים חוזרים על הליך זה שלוש פעמים

(בימים ההם, כאשר נשאו את הגופה מהבית לבית הקברות על הכתפיים, היו הנושאים משנים את התנוחה על כתפיהם מעת לעת. כדי להנמיך את ה"דולורה" הם היו מחליפים ביניהם מקומות ומרימים שוב את ה"דולורה". כיום הגופה מובאת ישירות ברכב אל בית העלמין, ואין צורך לקיים את המנהג הזה, אבל הוא נותר כחלק מהטקס).

בישראל, מיד לאחר הקבורה, האדם שמבצע את טקס הקבורה קורע קרע בבגדי כל האבלים.

לפני שעוזבים את בית הקברות נהוג ליטול ידיים אך לא לנגב אותן.

בהודו נשים לא השתתפו בהלוויה.

בבית הנפטר היו מדליקים נר נשמה[23] וכוס מים הייתה מוצבת לידו. האבלים היו יושבים על מרבדים, שנפרשו על הרצפה, ומקבלים את ארוחתם הראשונה המורכבת מלחם, ביצה קשה ומעט שיכר. ארוחה זאת מכונה ארוחת האבל.

בשבת שחלה בשבוע האבל היו מחליפים האבלים את בגדיהם לכבוד שבת. אחרי הצהריים הם היו קוראים את ספר תהילים כולו

(מפני שהקריאה נעשית מעייפת, ומי שאינו שייך לאבלים מוצא אותה מכבידה, כיום יש הנוהגים לקרוא אחד מחמשת הספרים של תהילים בכל יום, בין תפילת מנחה לבין ערבית).

בששת הימים הבאים נוהגים לקיים את תפילות מנחה וערבית ולאחריהן תפילת אשכבה. יש הנוהגים להגיש כיבוד, ואחרים נוהגים להגיש סעודה צמחונית.

ביום השביעי (בדרך כלל בבוקר), נאמרת תפילת אשכבה וכוס המים שהוצבה בקרבת נר נשמה נלקחת אל בית הקברות. את המים מתוך הכוס שופכים

---

23 בהודו נהגו להדליק נר שמן, בארץ נוהגים להדליק נר נשמה משעווה, בימינו נוהגים כך גם בהודו.

על הקבר. ברגע שהגברים עוזבים לכיוון בית הקברות, מתחילות הנשים לנקות את הבית, להתרחץ ולהכין את ארוחת הצהריים. אלה מהגברים המגלחים שיער זקנם רשאים כעת לגלח את הזקן. כל האבלים מחליפים את בגדם הקרוע ולובשים בגדים נקיים.

קוראים את מזמור קי"ט מתהלים המכונה "אלפא-ביתא" ומזמורי תהילים אחרים. טקס זה מכונה בשם "זיכּיר" (אזכרה). כולם עומדים ונאמרת תפילת אשכבה

(ישנם כמה מנהגים שמוטב שיבטלו אותם, כמו למשל התזת מעט שיכר בשם המת[24] או השארת מעט מזון ופלחי פירות ליד נר הנשמה).

לאחר תפילת האשכבה מגישים פירות ואחריהם – ארוחה בשרית. לאחר הסעודה חוזרים על תפילת האשכבה, והאבלים מקבלים ברכה.

לאחר שרוב האורחים עוזבים, האבלים מוזמנים לצאת מביתם מפי קרובי משפחה. הם הולכים עד לקרן הרחוב הבאה או מרחק של כמה גושי בניינים משם וחוזרים לביתם. דלי מים וכמה עלי ריחן בתוכו מושאר ליד הכניסה. לפני שנכנסים לבית, כל אחד נוטל את ידיו ומברך.

ביום השלושים חוזרים על תפילת האשכבה, על ה"זיכיר" ועל הארוחות, כפי שעושים ביום השביעי לאחר ההלוויה. למען נוחותם של העובדים מקיימים טקס זה בשעות הערב.

משום שחשוב לא להאריך באבלות, בדרך כלל עורכים את השלושים ביום ה-28 או ה-29. במקרה שחג חשוב נופל בדיוק בתאריך של חודש להלוויה, מקיימים את טקס השלושים ביום שלפני החג.

---

24 מנהג הולך ונעלם. במראטי נקרא מנהג זה בשם "דהאר-ווטטה" – הכוונה להתזה של מעט שיכר. התזת השיכר נעשית באטיות ונוצר קו ישר של הנוזל הנשפך. בהודו היו שופכים את הנוזל על הרצפה, שהייתה עשויה במקרים רבים מאדמה. השיכר היה נספג ונעלם. בארץ שופכים את הנוזלים לתוך כלי ואחר כך שופכים את הנוזלים מחוץ לבית ושוטפים את הכלי. יש המצדדים בביטולו של מנהג זה.

לאחר אחד-עשר חודשים חוזרים שוב על תפילת האזכרה, על ה"זיכיר" ועל הארוחות. אולם כדי להפחית את ימי האבלות, הטקס מתקיים ימים אחדים לפני תום אחד-עשר החודשים.

לאחר אחד-עשר החודשים האבלים אינם אמורים לעמוד ב"קדיש", אבל אם הם יודעים שהאדם שנפטר היה איש רע מאוד או שביצע רצח, הם ממשיכים לעשות זאת עד סופה של אותה שנה.

שאלות ותשובות

ש': מדוע עדת בני ישראל קוראת לעצמה בשם "בני ישראל"? מדוע אינה מכנה את עצמה בשם "יהודים", כמו כלל ישראל?

ת': המונח "בני ישראל" הוא מונח תנ"כי. כל שבטי ישראל היו מכונים כך. המונח "יהודי" מקורו בשמו של שבט יהודה. רק בני שבט יהודה יכלו להיקרא "יהודים", אך במשך הזמן שם זה הוחל על כל השבטים. בני ישראל עזבו את ארץ הקודש לפני שהתחולל השינוי הזה, והם לא היו מודעים לשינוי והמשיכו לקרוא לעצמם "בני ישראל", לפי המונח התנ"כי.

ש': מתי עזבו בני ישראל את ארץ הקודש?

ת': אין רישום בכתב מתי עזבו, אבל משערים שהדבר התרחש בין תקופת בית ראשון לבין ימי בית שני.

ש': איך מגיעים למסקנה הזאת?

ת': בעת שהותם בגולה נתנו בנ"י שמות תנ"כיים לילדיהם, אבל שמות כמו אסתר, מרדכי, עקיבא, הלל ועוד לא היו מוכרים להם.

התפילה היחידה שידעו הייתה קריאת "שמע", אבל הם לא היו מודעים לפסוק "ברוך שם [...]" כי הוא הוכנס לתפילה לקראת סוף תקופת בית שני.

ש': איך אפשר לחלק את ההיסטוריה של בני ישראל לתקופות?

ת': התקופה הראשונה היא מזמן שהגיעו בני ישראל לחוף הים בהודו ועד שגילה אותם דוד רחבי (1694-1772). לתקופה זו אפשר לקרוא בשם "התקופה השרויה באפלה", שכן ידוע לנו מעט מאוד על בני ישראל בתקופה ההיא. כמו כן, בני ישראל לא ידעו באותה עת על קיומה של יהדות העולם.

התקופה השנייה מתחילה מהרגע שבו גילה דוד רחבי את בנ"י, והיא נמשכה עד סוף מלחמת העולם הראשונה. תקופה זו נקראת תקופת התחייה. בתקופה הזאת בני ישראל באו במגע עם יהדות העולם ושיפרו את חיי הדת ואת נוסח תפילותיהם.

מתום מלחמת העולם השנייה ועד ימינו זו התקופה המודרנית. בתקופה זו התקיימה עלייה המונית למדינת ישראל הצעירה שהוקמה, ורמת החיים של בני ישראל השתנתה במהלכה.

ש': איך הגיעו בני ישראל להודו?

ת': כפי שמספרת האגדה, הם הפליגו הרחק דרומה או למזרח הרחוק, אבל ספינתם נטרפה ליד חופה של הודו המערבית. זוגות אחדים ניצלו והגיעו לנאווגאון שבחוף קונקאן. כשספינתם נטרפה בים, כל רכושם אבד, והניצולים הגיעו לחוף ורק "כותנתם לעורם." את גופות חבריהם שנמשו מהים קברו בשני קברי אחים בנאווגאון, גברים לחוד ונשים לחוד. שם נמצאים הקברים עד היום.

ש': היכן התיישבו בנ"י בתחילה בהודו?

ת': בתחילה הם התיישבו בקונקאן שבמדינת מָהָארַשְׁטְרָה.

ש': באילו מקצועות עסקו בני ישראל בהודו?

ת': על פי רוב עסקו בנ"י בחקלאות ובמיצוי שמן מזרעים. משלח ידם של כמה מהם היה נגרות.

כיום רבים מהם ויתרו על חקלאות, והם עוסקים במקצועות פקידותיים וטכניים.[25]

ש: מדוע הם כונו "שַׁנְוּואר טֶלִי"?

ת: רבים מבני ישראל היו יצרני שמן במקצועם. "טֶל" במראטי פירושו שמן, ו"טֶלִי" הוא: עוצר שמן.

היות שהם הקפידו שבתי הבד וכל העסקים שלהם יהיו סגורים בשבת, "שַׁנְוּואר" במראטי פירושו: יום שבת. המקומיים כינו אותם "שנוואר טלי"..

ש': מי זיהה אותם כיהודים?

ת': יהודי בשם דוד רחבי, סוחר תכשיטים ורב, אשר הגיע לקונקאן, שם הבחין בקבוצת אנשים שהיו שונים מכל השאר. הם שמרו על השבת, מלו את בניהם והשתמשו בכמה מילים בעברית.

כדי לוודא שאכן הם יהודים, הביא עמו דוד רחבי כמה דגים בעלי קשקשים וסנפירים וכמה אחרים ללא איברים אלו. הוא ביקש מעקרת בית להכין בשבילו דג. היא הפרידה את הדגים חסרי הקשקשים והסנפירים מהשאר, כיוון שאינם כשרים, ואמרה לו שאסור לה לבשל אותם בסירים שלה. את הדגים בעלי הקשקשים והסנפירים, הכשרים, היא נאותה להכין לו. רק יהודים שומרים על מצווה זו, על כן ידע בוודאות שהם יהודים.

ש': לפני זמן מה פורסם כי על פי בדיקות די-אן-איי, הוכיחו כי דמם של בני ישראל זהה לדמם של הלויים. האם יש לממצא זה חשיבות?

---

25 תהליך שהחל בעת השלטון הבריטי בהודו.

ת': בתחילה היו רבנים שסברו כי ספק אם בני ישראל יהודים. זאת עקב המראה שלהם, ומכיוון שאינם דוברי יידיש. אחרי כן נאמר להם שהם יהודים טובים, אבל יש חשש שהם ממזרים. בסופו של דבר הכריזה הכנסת על בני ישראל כעל יהודים לכל דבר ועניין, ללא כל ספק.

כעת ישנם חוקרים מלומדים שטוענים שדמם של בני ישראל זהה לדמו של משה רבנו ע"ה. נחכה קצת ונראה מה יהיה החידוש הבא.[26]

ש': מה היו היחסים בין בני ישראל לבין קהילות אחרות מבני דתות שונות בהודו?

ת': היחסים היו לבביים ביותר. הקהילות האחרות לא התערבו בעסקיהם ובענייניהם של בני ישראל או בדתם, ובני ישראל לא התערבו בענייניהן של הקהילות האחרות.

בימי חגם של בני ישראל הם שולחים לשכנים ממתקים שונים, וכך נהגו גם השכנים בימי חגם שלהם. כבוד והוקרה שררו בין שני הצדדים.

ש': מה היו היחסים בין בני ישראל לבין קהילות יהודיות אחרות בהודו?

ת': בדרך כלל בקרב בני ישראל פעלו חזנים מקוצ'ין. אבל בכל שאר המובנים היה הקשר בין בני ישראל לבין קהילת קוצ'ין מצומצם ביותר. היהודים העיראקים, המכנים את עצמם "בגדדים", ראו את בנ"י כיהודים

---

26 בתשובה זו לכל אורכה (לעתים גם במקומות אחרים בחיבור זה), המחבר משתמש בד בבד בלשון הלצה וציניות, מתוך תחושות כעס ותסכול המקננות בו כמו גם באחרים (בפרט בקרב בני הדור המבוגר, בעיקר בקרב בנ"י עולי הודו הראשונים שעלו לארץ במהלך שנות החמישים והשישים), בעדת בנ"י כלפי הממסד הרבני. תחושה זו מקורה בשנות החמישים, בעת תחילת עלייתם וקליטתם של בנ"י בא"י. קשה למחבר לשכוח את סבלם של אחיו בנ"י או לסלוח על היחס כלפיהם בעת ההיא. זאת עקב דרישת עדת בנ"י להכרה מלאה ומוחלטת ביהדותם ללא כל ספקות ומגבלות. הם ניהלו מאבקים ארוכים, שהוא עצמו השתתף בחלק מהם במהלך שנות החמישים והשישים. בסוף מאבקים אלו ראו בנ"י בע"ה הצלחה.

נחותים. העיראקים נמנעו מלהזמין את בנ"י לקרוא עמם בתורה. הם אפילו הפרידו בבית הקברות בין הקברים שלהם לבין קברי בנ"י.

אולם הכל השתנה לאחר שקיבלה הודו את עצמאותה, כאשר רבים מן היהודים העיראקים עזבו את הודו ולא נשאר מי שידאג לבתי הכנסת שלהם או יקיים בהם תפילות. באותה עת הם נעזרו בבנ"י.

ש': כיצד שמרו בני ישראל על דתם היהודית?

ת': כל שהיה להם אבד בים: פריטי דת כמו ספרי תפילה ועוד, ובהיותם מבודדים משאר יהדות העולם, לא היה להם קל לשמור על דתם. אולם הם שמרו על השבת, על כשרות, על ברית המילה ועל כמה מועדים. הם שמרו בדבקות על אמונה באל אחד.

ש': האם יש לבני ישראל אמונות תפלות?

ת': קהילת בני ישראל היא קהילה ככל הקהילות. גם בקרב בני ישראל קיימות אמונות תפלות. אין קהילה יהודית בעולם שתהיה אות ומופת כמו זאת שמשה רבנו ע"ה רצה שתהיה.

לעתים קשה מאוד לערוך הפרדה מדויקת בין המקום שבו נגמרת הדת לבין המקום שבו מתחילה האמונה התפלה.

ש': תן דוגמאות לאמונות התפלות בקרב קהילת בני ישראל.

ת': אב ובן או שני אחים אינם נקראים לעלות לתורה זה אחר זה. אדם אחר נקרא לעלות לתורה ביניהם.

אם אדם יוצא מבית הקברות, עליו לעשות זאת בדרך שונה מהדרך שבה נכנס אליו. אם מנהגים אלה אינם אמונות תפלות, אז איך הייתָ קוראים להם?

ש': אילו מועדים נהגו בני ישראל לחגוג?

ת': בני ישראל חוגגים את ראש השנה, את יום הכיפורים ואת חג הפסח. לא ידוע לנו אם הם חגגו את שבועות, סוכות או שמחת תורה.

ש': אם הם היו מבודדים מהעולם היהודי, כיצד, אם כן, הצליחו לחשב את לוח השנה?

ת': לוח השנה של דת ההינדו דומה מאוד ללוח השנה העברי, ולכן לא היה קשה לזכור את התאריכים. כך למשל ראש השנה ההינדי בא חודש אחרי ראש השנה העברי.

ש': איך קראו בני ישראל לחגיהם?

ת': בני ישראל קראו לראש השנה בשם "נָבִיצָה סַאן". פירושה של "נָבָה/ נָבִי" הוא "חדש" במראטי, ו"סאן" פירושו חג.

ביום הכיפורים הם צמו, והם קראו לו "דָר פָּלְנִיצָה סַאן" פירושו -- יום סגירת הדלתות.

פסח נקרא בשם "הַנְדָה דְהַקְצָה סַאן". פירושו: חג כיסוי הכד.

ש': כיצד קיבלו חגים אלה את שמותיהם?

ת': ראש השנה נקרא כך לא משום השנה החדשה, אלא מפני שזה היה החג היחיד שחל בירח חדש.

יום הכיפורים נקרא "דר פלניצה סאן" – יום סגירת הדלתות. בני ישראל נהגו לסגור ביום זה את דלתות הבית, משום שלא רצו שאנשים שאינם בני ישראל יפריעו להם ביום הזה או יִצרו עמם קשר.

היום שלאחר יום הכיפורים נקרא בשם "שִׁילָה סַאן". ביום זה הם נותנים צדקה ומבקרים את קרוביהם.

פסח נקרא בשם "הנדה דהקצה סאן", ותרגומו המילולי "חג כיסוי הכד" (או סגירתו). הכד הוא כלי לאגירת מים או לאחסון דגנים. כיום לא ברור

מדוע נקרא חג הפסח בשם זה. ייתכן שאגרו בו דגנים שנועדו לשימוש בפסח או שמדובר בכך שבו אפסנו את הדגן האסור לשימוש בפסח.

ש': האם חגגו את חג החנוכה ואת חג פורים?

ת': החגים האלה לא היו קיימים כאשר עזבו בני ישראל את ארץ כנען. הם לא היו מודעים לקיומם ולכן גם לא חגגו אותם בתקופות קדומות. כיום, כמובן, הם חוגגים אותם כמו את כל החגים היהודיים האחרים.

ש': כיצד קיימו בני ישראל את יום הכיפורים בעבר, וכיצד הם מקיימים אותו כיום?

ת': היום שקודם ליום הכיפורים נקרא "מָלמָה" (מקור השם אינו ידוע). הצעירים היו מבקרים את הזקנים ומבקשים סליחה אם הם פגעו בהם בדרך כלשהי במילים או במעשים. האדם הצעיר יותר היה מקדים ומושיט את ידיו לזקן, והמבוגר היה אוחז בשתי ידיו של הצעיר ומברך אותו בברכת "יברכך האל". רוב בני ישראל מכבסים את הציצית (טלית) שלהם ביום ה"מלמה".

לפני שקיעת החמה, היו הכל טובלים טבילת היטהרות ולובשים בגדים לבנים. הם הקפידו לא לבוא במגע עם מי שעדיין לא טבל. היה נהוג לסגור את דלת הכניסה לבית. אחרי הסעודה האחרונה בערב היו נפרשים שטיחים המכוסים בסדינים לבנים על הרצפה וכולם ישבו על הארץ.

מכיוון שספרי תפילה לא היו בנמצא, הם לא יכלו להתפלל. אבל הם צמו ובצהריים קמו על רגליהם, כרעו והשתחוו, מצחם נגע ברצפה[27] והם אמרו את קריאת "שמע", התפילה היחידה שהכירו. הם חזרו על פעולות אלה עוד שלוש פעמים. עם שקיעת החמה ובמצב רוח חגיגי במיוחד הצום היה נשבר.

היום: כיום יש לבני ישראל סידורי תפילה ובתי כנסת. הם עדיין לובשים לבן ביום כיפור. בבתי הכנסת מכסים את ארון הקודש בפרוכת לבנה, וכן

27 מטפחת לבנה נקייה ומגוהצת הייתה נפרשת על הרצפה וחוצצת בין הראש לבין הרצפה. כך נוהגים גם כיום רבים מבנ"י בהודו ובישראל.

מכסים בבד לבן את שולחן החזן שמעל התיבה, את כיסאו של אליהו הנביא הזכור לטוב ואת כיסא ברית המילה (כיסא הסנדק).

מובן שכיום בנ"י מתפללים בכריעה תפילת "ברוך שם [...]" במקום לקרוא קריאת "שמע ישראל [...]"

כבר בזמנו של משה רבנו ע"ה היינו עם "קשה עורף", אבל כיום אנחנו גם "קשיי גב" (ובעלי כרסים גדולות), לכן, לא נשאר כמעט מי שיכול לכרוע ולהשתחוות עד לרצפה.

ש': מדוע בני ישראל לובשים לבן ביום הכיפורים?

ת': לבן מסמל טוהר, והוא מבטא משאלה להסיר את הזוהמה. הרי אנו רוצים להיות נקיים ולהיפטר מהחטאים שלנו ביום הכיפורים.

סיבה אחרת היא כי אנו עושים כל שביכולתנו לחקות את המלאכים, והם אמורים ללבוש לבן.

הרעיון שבלבוש לבן אי אפשר להפגין עושר ולהתפאר איננו רעיון של בני ישראל, ואין זה ההסבר למנהג השימוש בתכריכים לבנים.

ש': מדוע מוציאים את ספרי התורה במהלך תפילת "כל נדרי"?

ת': באירופה כפו במקרים רבים על היהודים להישבע בשבועת נדר לשלם סכומי כסף גדולים לבעלי השררה.

היות שנכפה עליהם להישבע וספר תורה בידם, הרי שכדי לבטל את השבועה נחוץ היה לאחוז שנית בספר התורה.

ש': במועד של יום כיפור עצמו מדוע נפתח ההיכל (ארון הקודש) בזמן תפילות "מוסף" ו"נעילה"?

ת': ארון הקודש מסמל את השמים, ובאותה דרך שבה אנו פותחים את הארון, כך אנו מתפללים לאל שיפתח את שמי המרומים ויקבל את תפילותינו ברצון.

ש': האם נהגו בני ישראל לעשות "כפרות" בערב יום הכיפורים?

ת': מעטים מבני ישראל שהיו בקשר עם היהודים הבגדאדים עשו כפרות,[28] אבל אין זה ממנהגם של בני ישראל.

ש': כיצד היו בני ישראל נוהגים ביום שבא אחרי יום הכיפורים, הנקרא בשם "שִׁילָה סַאן"?

ת': ביום שבא לאחר יום הכיפורים היו מכינים לחם דק מתוק מטוגן בשמן, הקרוי "פּוּרִי" (יש המכנים אותו "צ'אפטי"), ומחלקים ממנו לעניים. משרתי הבית היו מקבלים הטבה מיוחדת.

ש': כיצד היו מקיימים את תשעה באב?

ת': היו מכינים את הארוחה שלפני הצום כדרכו של אדם עני – בלי להשתמש בצלחות. את האוכל היו אוכלים מוגש על עלה של בננה. הפריט האחרון בסעודה היה ביצה קשה מבושלת טבולה במעט אֵפֶר.

בבית הכנסת הארון, שולחן החזן וספר התורה כולם כוסו בבד שחור. הרימונים, ה"אצבעות" והמטפחות הוסרו כולם מספרי התורה. את נר התמיד לא היו מדליקים.

הצום נמשך יותר מעשרים וארבע שעות, עד סוף תפילות הערבית. את הצום היו שוברים בבית באכילת נבט של "קָדוּואה-וּוָאל", זרעונים שטעמם מר, סוג של קטניות מאכל.

ש':. מדוע היו אוכלים את הנבטים האלה?

ת': כאשר בני ישראל הגיעו לראשונה אל קרקע לאחר שספינתם נטרפה, הם היו רעבים מאוד. כל מה שמצאו לאכול היו אותם זרעונים מרים שנשתלו וזה עתה נבטו.

---

28 הכוונה לשחיטת תרנגולות לכפרות.

בני ישראל מקשרים בין בואם להודו לבין תשעה באב. לכן, כדי להנציח את האירוע הזה, הם עדיין אוכלים נבטים אלה, אפילו כיום, כדי לשבור את הצום של תשעה באב.

ש': כיצד מברכים את הברכות על המזון?

ת': הברכות נאמרות מדי יום. כאשר אין זו ארוחה מיוחדת מברכים "בורא מיני מזונות" לפני האכילה ו"בורא נפשות [...]" אחריה. בימי שבת, בחגים או באירועים מיוחדים מברכים "המוציא" ואומרים את בִּרכת המזון בשלמותה.

בעת ברכת המזון, מניחים צלחת ובה מעט מלח ושתי מצות או לחם לפני הקורא. בדרך כלל צלחת זו מכוסה בבד לבן.

כך מברכים על הלחם: אחרי שכולם נוטלים את ידיהם, הקורא הוא האחרון ליטול את ידיו. הקורא מברך "על נטילת ידיים", מסיר מעל כיכרות הלחם את המטפחת הלבנה, בוזק על הלחם מעט מלח ומחזיק אותו בשתי ידיו. כולם שרים את מזמור תהילים כ"ג. הוא מברך את הברכה "המוציא לחם מן הארץ", בוצע את המצה או את הלחם ואוכל מהם. אחר כך הוא בוצע עוד חתיכות, טובל אותן במלח ומעביר אותן לאחרים, ראשית ליושבים מימינו ואחר כך ליושבים משמאלו.

אם יש סועדים רבים, הוא בוצע את הלחם לחתיכות ומניח אותן בצלחת. את הצלחת מעבירים בין כולם. החתיכות אינן מושטות ישירות לידיו של הסועד. הן מונחות על השולחן ליד המקבל או מניחים אותן על גבי הצלחת. רק אבלים מקבלים את לחמם בידם.

ש': מדוע נהוג להשאיר מעט יין בכוס הקידוש לאחר שכולם שתו? ובדומה לזאת, מדוע מותירים מעט לחם בסוף ברכת המזון?

ת': לא כולם ידעו איך לברך. בני ישראל חשבו שאם מישהו אוכל כל דבר שברכו עליו, הרי כמו הוא עצמו בירך. כמו כן, אם מגיע אורח באיחור, הרי שהוא יכול להתחיל את הארוחה באכלו את הלחם שבירכו עליו. בדומה

לזאת אם אותו אורח לוגם מעט מיין הקידוש שבירכו עליו, הרי כמו הוא קידש את השבת או החג.

הרי כבר נאמר ב"ספר הזוהר" שאל לו לשולחן שיישאר ריק – לחם צריך להישאר מונח על השולחן. אך נימוק זה לא היה הנימוק של בני ישראל.

ש': איך חוגגים בני ישראל את חג הפסח?

ת': בערב פסח, לפני שיוצאת משפחה לבית הכנסת, עורכים את השולחן ומכינים אותו לקראת הסדר. בימים אחרים נשארת רק כוס אחת גדולה המשמשת לקידוש, ובפסח מגישים כוס לקידוש לכל אדם.

פנכה גדולה (המכונה "תָבָק") מונחת במרכז השולחן. שלוש קעריות קטנות יותר מונחות עליה – האחת מכילה מלח שולחני, השנייה – מיץ לימון והשלישית – סירופ מתוק וסמיך עשוי מתמרים מבושלים עם שקדים ועם אגוזים. מסביב לקעריות אלה מניחים ביצים קשות, סלרי, שוק צלויה וחסה.

שלוש מצות גדולות המוכנות בעבודת יד ומכונות "סְדָרים" מונחות על שלוש הקעריות האלה. קצה אחד של המצה התחתית בולט החוצה מהשוליים; שני קצוות של האמצעית בולטים ושלושה קצוות של העליונה. ה"תָבָק" כולו מכוסָה בבד לבן.

עם חזרתם מבית הכנסת כל המסובים יושבים סביב השולחן ושרים "יגדל אלוהים חי" לפי ניגון מיוחד לפסח (לבני ישראל יש ניגונים מיוחדים לכל חג ומועד). אחר כך כולם עומדים, מרימים את כוסם והקידוש נאמר. אז יושבים כולם ושותים את הכוס הראשונה של היין, בהסבָה לצד שמאל.

כולם לוחצים ידיים זה עם זה ומאחלים זה לזה איחולי "חג שמח" ו"תזכו לשנים רבות". כולם נוטלים ידיים, אך בלי לומר ברכה.

ראש המשפחה נוטל את המצה האמצעית ושובר אותה לשתיים. את חצי המצה האחד הוא מחזיר למקומה, ואת האחר, עטוף במטפחת, הוא קושר סביב גבו של אחד הילדים ואז שואל אותו: "מאיפה באת?" הלה אמור

לענות: "ממצרים". השאלה הבאה היא: "לאן אתה הולך?" הילד עונה: "לארץ כנען". כדי להוסיף עניין וחיוניות לחג, ראש המשפחה יכול להוסיף ולשאול עוד שאלות (אם ישנם ילדים נוספים שעשויים להתאכזב כי לא נבחרו, אפשר לקשור מצה רגילה סביב גבם של ילדים נוספים ואז לשאול את השאלות בלשון רבים).

כוסות היין מתמלאות לקראת הכוס השנייה. אחר כך קורא ההגדה מתחיל בקריאתה.

כשמגיעים לעשר המכות, כולם חוץ מהקורא מכסים את כוסותיהם בכף ידם. כלי ריק מונח ליד הקורא, והוא מטפטף מעט יין מכוסו עם כל מכה שמוזכרת. אחרי שטפטף את כל היין, הכלי והכוס נלקחים ונשטפים. הקורא שוטף את ידיו. כולם מגלים את כוסותיהם, יין נמזג לקורא והוא ממשיך בקריאת ההגדה.

בגולה, שם נערך הסדר במשך שני לילות, בשר עצם השוק והביצים נאכלים בלילה השני. בישראל אוכלים אותם בלילה הראשון.

ארוחת הערב מוגשת. אחרי הארוחה, שוברים את המצה שנקשרה לגבו של הילד לחתיכות קטנות ומחלקים אותן בין כולם (המנהג של הסתרת המצה ומתן פרס למי מהילדים שמוצא אותה לא היה נהוג בקרב בני ישראל).

כוסות היין מתמלאות לקראת הכוס השלישית ו"ברכת המזון" נאמרת. לאחר שתיית היין, הכוסות מתמלאות לקראת הכוס הרביעית והקורא ממשיך בקריאת ההגדה עד סופה, ולאחר מכן שותים כוס רביעית.

ש': האם בנ"י פותחים את הדלת לכבוד אליהו הנביא?

ת': אין זה ממנהגם של בנ"י.[29]

ש': כיצד מציינים בני ישראל את ראש השנה?

---

29   כמו כן, אצל עדת בנ"י לא נהגו להניח על השולחן את כוסו של אליהו.

ת': כמו בימי שבת וביום טוב, השולחן נערך ועליו בקבוק יין וכוס לקידוש. מניחים בצלחת שתי מצות או לחם. במקום מלח מניחים על השולחן סוכר או דבש.

ישנם גם מיני מזונות מיוחדים שמניחים על השולחן בראש השנה, כמו פרוסות תפוח טבולות בדבש, כרישה, סלק, תמרים, דלעת, רימון, דג וראש של טלה או עז.

עם חזרתה מבית הכנסת, מתיישבת המשפחה סביב השולחן. היין נמזג לכוס וכולם שרים "יגדל אלוהים חי" לפי הלחן המיוחד לראש השנה. אחרי כן כולם קמים, וראש המשפחה אומר את הקידוש. כולם לוחצים ידיים ומאחלים זה לזה "שנה טובה".

ברכה ותפילות ("יהי רצון") מיוחדות נאמרות על המאכלים המיוחדים (הסימנים) שיש לאכול, החל בתפוח הטבול בדבש וכלה בראש הכבש.

למחרת בבוקר כולם הולכים לבית הכנסת, למעט חולה או אם מיניקה. אולם כולם משתדלים לבוא לשם לפחות כדי לשמוע את קול שופר.

אם היום הראשון של ראש השנה אינו נופל בשבת, הולכים לתפילת תשליך בחוף הים, על שפת נהר או ליד אגם. אם מקור המים היה מרוחק מאוד, בדרך כלל בית הכנסת היה מארגן אוטובוסים להסיע את הקהילה.

אם היום הראשון של ראש השנה נופל בשבת, טקס התשליך ייערך למחרת.

ש': האם לא חל איסור על נסיעה בימי חג? כיצד ייתכן שבית הכנסת היה מארגן נסיעה באוטובוסים?

ת': כל המצוות והאיסורים של יום השבת אינם חלים במלואם על ימי חג. כך למשל, לא תוקעים בשופר ביום שבת, לא כי הוא מחלל את השבת אלא מחשש שיצטרכו לשאת את השופר מהבית לבית הכנסת, מעשה אסור ביום שבת. ביום חג מותר לאדם לשאת את השופר.

בדומה לזאת בשבת לאדם אסור לנוע מעבר לתחום השבת, אבל מותר לו לעשות זאת ביום חג. נוסף על כך, לעולם אין אומרים "תשליך" ביום שבת.

ש': מדוע אוכלים את כל המזונות המיוחדים האלה בראש השנה?

ת': המזונות האלה מסמלים דבר מה. ייתכן שיש שבשמותיהם משחק מילים: התפוח הטבול בדבש מסמל את המשאלה שהשנה החדשה תהיה שנה מתוקה; הכרישה מכונה גם "כרתי" בעברית, והמשמעות שעולה משם זה היא – לקצוץ, להרוס. כאשר אוכלים כרישה אומרים: "מי ייתן ואויבינו ייכרתו". אחת המשמעויות של סֶלֶק היא לסַלֵק – "מי ייתן ואויבינו יסתלקו". אחת ממשמעויות השם תמר היא לסיים, לטהר – "מי ייתן והחוטאים ייטהרו והרשעה תיעלם".

ממש כשם שיש ברימון גרעינים רבים והים מלא בדגים אינספור, מי ייתן שמעשינו הטובים יהיו רבים. בהקשר של הדג נוספת המשאלה: מי ייתן וכמו שעין הדג פקוחה תמיד, כך תהיה עינךָ צופה ומשגיחה עלינו תמיד.

ראש הכבש או העז מסמלים הן את עקדת יצחק והן את התפילה: "מי ייתן ונהיה לראש ולא לזנב" (לאומות העולם).

ש': האם יש מנה מיוחדת שמכינים לכבוד השנה החדשה?

ת': משפחות רבות של בני ישראל מכינות "צ'יכּ-צ'ה חלבה" לארוחת בוקר. מנה זו מכינים מעמילן חיטה הקרוי "צ'יק". תהליך מיצוי העמילן מהחיטה מעייף ומייגע, לכן כיום מכינים את המנה מקורנפלור ולא מ"צ'יק".

ש': האם בני ישראל מקיימים את צום גדליה?

ת': כן, אבל הם קוראים לו "כירי-צ'ה רוז'ה". "כיר" בלשונות ההודיות היא דייסה. הצום נשבר באכילת דייסה שמכינים מאורז. מלבד ה"כיר" מכינים גם תבשיל מחמישה ירקות שונים, המבושלים ביחד. מקורו של מנהג זה אינו ידוע.

ש': מדוע תפילות ה"סליחות" בערב ראש השנה ובערב יום הכיפורים מתחילות מוקדם יותר מן התפילות האלו בימים אחרים?

ת': אחרי "סליחות" מתפללים תפילת שחרית, ובימים מיוחדים אלה מתפללים גם תפילת "התרת נדרים", ובמסגרתה אנשים מבקשים זה מזה סליחה, לפני שהם מבקשים מאלוהים סליחה ומחילה. כדי לקיים את כל התפילות האלה ולאפשר לקהל להגיע בזמן לעבודה, מתחילות התפילות יותר מוקדם.

ש': מדוע לא תוקעים בשופר ב"סליחות" בערב ראש השנה?

ת': ראש השנה נדחה לעתים ביום או ביומיים. פירוש הדבר שהשנה החדשה כבר התחילה. לכן, אם תוקעים בשופר בשנה החדשה, איננו יכולים לומר את הברכה "שהחיינו".

ש': מדוע ממלאים את כוס הקידוש עד שוליה ולעתים אפילו ממלאים אותה עד שהנוזל עולה על גדותיה?

ת': לא כל הקהילות נוהגות מנהג הזה. בקהילת בנ"י נהוג למלא את כוס הקידוש עד שוליה. טרם אומרים את הברכה על היין אנו אומרים "לחיים" ומאחלים חיים, וממש כמו שמילאנו את כוסנו עד שוליה, כך אנו מתפללים מאלוהים שייתן לנו חיים מלאים.

איננו מבקשים מהקב"ה חיים ארוכים אלא חיים מלאים בכל טוב. אם החיים מתארכים וסובלים בהם ממחלות קשות, חלילה, הרי זו קללה, אבל אם אנו מקיימים מצוות ועושים שימוש מלא וטוב בזמן שלנו, הרי זו ברכה (דברים כ"ח, ס"ז).

ש': יש מי שמוסיף "על שולחן מלא" או "על בית מלא" בפיוט "צור משלו [...]" – האם נכון הדבר?

ת': בברכה המקורית, כאשר אנו אומרים "כוס מלאה", אין עוד מקום למזוג יין. אולם לא "שולחן" ולא "בית" יכולים להיות מלאים עד אפס מקום. מכאן שמגוחך להוסיף "על שולחן מלא". [30]

תוספות אלו לתפילות נוספו בזמן האחרון מפי מתפללים שהתחילו להבין את מילות התפילה. והרי ידוע לכל אחד שחצי ידיעה מסוכנת.

ש': מדוע בנים מתכנסים מתחת לשולי ציציתו (טליתו) של אביהם כאשר הכוהנים מברכים את הציבור?

ת': מנהג זה התחיל בספרד ובפורטוגל בימי הביניים. המתפללים האמינו שאם אדם מסתכל על כהן בזמן שהוא מברך את הקהל, הוא עלול להתעוור או אפילו למות (עד כה לא מוכר לי כל מקרה כזה של עיוורון או מוות, חלילה). האבות חששו שילדיהם הקטנים יסתכלו על הכהן וימיטו על עצמם אסון, והם התחילו לקחת את ילדיהם ולכסות אותם בציציות.

כשהגיעו יהודים אלה למרוקו, היהודים המרוקאים התחילו לחקות אותם. בנ"י עולים אפילו על המרוקאים: הם לא רק לוקחים ילדים קטנים תחת ציציתם אלא גם את בניהם הבוגרים ואף את הנשואים.

ש': מדוע אנו צועדים כמה צעדים לאחור לפני שמתחילים את תפילת עמידה?

ת': שלושת הצעדים לאחור אינם חשובים כאן. מה שחשוב הוא לפסוע שלושה צעדים לפנים לפני שמתחילים בתפילה. שלושה צעדים לאחור מאפשרים מקום לפסוע קדימה.

ש': למה חובה לפסוע קדימה?

ת': כשם שאנו באים בבקשות לפני מלך, וכאשר הוא מגיע כולנו עומדים ומתקדמים כדי להגיש את הבקשות שלנו לפניו.

---

30 תוספות אלו אינן מופיעות בסידורי התפילה הישנים שהודפסו בהודו.

54

ש': מדוע יש אנשים שמתבוננים הצדה לפני שהם צועדים לאחור?

ת': כדי לוודא שאין מאחוריהם מישהו ושלא ייתקלו בו.

ש': בהודו אנו מתפללים "ברך עלינו" החל ברביעי, בחמישי או בשישי בדצמבר, אבל בישראל אנו מתחילים להתפלל באמצע חודש חשוון. מדוע?

ת': ראשית, אמנם יום מפנה השמש אמור לחול ב-22 בדצמבר, אבל ביחס לירושלים, השקיעה המוקדמת ביותר היא ברביעי, בחמישי או בשישי בחודש זה. לכן היינו מתחילים בתפילת "ברך עלינו" באחד מהתאריכים האלה.

הסיבה שנתנו הרבנים הישראלים אינה מתקבלת על הדעת. לדבריהם עולי הרגל שבאו לירושלים היו צריכים להבטיח לעצמם מספיק זמן לחזור לבתיהם לפני שהגשמים יתחילו.

תפילת עמידה (תפילת "שמונה-עשרה") נערכה בגולה לאחר חורבן בית המקדש. התפילה "אֱלֹהֵינוּ וֵאלֹהֵי אֲבוֹתֵינוּ, תְּקַע בְּשׁוֹפָר גָּדוֹל לְחֵרוּתֵנוּ, וְשָׂא נֵס לְקַבֵּץ גָּלֻיּוֹתֵינוּ" לא הייתה יכולה להיכתב כאשר בית המקדש עמד עדיין על תלו.

שנית, הכהן התפלל ביום הכיפורים "ואל תיכנס לפניך תפילת עובר דרכים לעניין הגשם בלבד שהעולם צריכים לו."[31]

ש': מדוע התפילה "מֵעֵין שֶׁבַע", הנאמרת בכל ערב שבת ובכל חג שנופל בשבת, אפילו בערב יום כיפור, אינה נאמרת בערב פסח שנופל בשבת?

ת': חלק זה בתפילה נכנס מאוחר יותר ולא נכלל בתפילות המקוריות של ערב שבת.

באותם ימים, טרם לקחה לעצמה הרבנות את המונופול על הדת, השבת התחילה אצל כל אדם כשחשב שמתאים לו. היו תקופות, כמו בזמן החריש או הקציר, שהאיכרים עבדו בהן בשדותיהם עד שעות הערב המאוחרות

---

31 מתוך: תפילת כהן גדול, סדר עבודה, תפילת מוסף לכיפור.

ולפעמים היו מגיעים מאוחר לתפילת ערבית בשבת. כדי שהמאחרים יוכלו לומר לפחות שתי ברכות של שבת, נכנסה התפילה הזאת. היא נאמרת רק אם יש מניין.

פעם חג הפסח היה החג החשוב ביותר, חשוב אף יותר מיום הכיפורים. במקרה כזה לא הייתה סיבה שמישהו יאחר לתפילות או לסדר. לכן, אין תפילה מיוחדת למאחרים בתפילות ערב פסח שנופל בשבת.

ש': מדוע אנו פונים לכיוון ירושלים עיר הקודש כאשר אנו מתפללים?

ת': כשהקים משה את "אוהל מועד", העם פנה מערבה, כדי לא לחקות את מנהגי עובדי האלילים שהפנו את פניהם לכיוון הזריחה.

כאשר שלמה המלך השלים את בניית בית המקדש והתפלל ביום חנוכת הבית, נאמר בתפילותיו שכאשר העם מתפלל ופונה לכיוון ירושלים, תפילותיהם תישמענה (מלכים א', פרק ח').

לכן אנו עושים ככל יכולתנו לפנות לכיוון ירושלים. אבל אם אדם נמצא במקום זר ואינו יודע באיזה כיוון נמצאת ירושלים, ירושלים אמורה להיות בלב שלו.

ש': האם היו אולטרה-אורתודוכסים או אתיאיסטים בקרב בנ"י?

ת': לא היו בהודו אולטרה-אורתודוכסים או "חרדים", כפי שהם נקראים בישראל. כיום יש כמובן אנשים שמשתדלים לחקות את הישראלים, למשל בעזרת מעילים שחורים וכובעי לבד גדולים. אתיאיסטים כשלעצמם היו מעטים ביותר, הם התנגדו יותר לחוקי הדת מאשר לאלוהים (היה אדון אחד בעיר פונָה שנהג לומר שברכת הלבנה נראית בעיני גויי הארץ כמו סגידה לירח. הוא היה שואל: "לשם מה צריך להסתכל על הירח ולרקוד?").

ש': מדוע מי שמבקר בקבר (בבית עלמין) מניח עליו אבנים קטנות?

ת': היו מקומות (לא בהודו), שבהם אי אפשר היה לחפור קבר לעומק רב. במקרים כאלה קיים חשש שחיות השדה עלולות לחפור לתוך הקבר ולהגיע לגופה. כדי למנוע מן החיות לעשות זאת, כל מי שהיה עובר ליד הקבר היה מניח עליו אבנים גדולות.

כיום (בישראל) מניחים לוחות בטון לפני שממלאים את הקבר באדמה, ודואגים לבנות את הקברים, אז אין עוד צורך להניח אבנים.[32]

בשל האבנים האלה המונחות על פני הקבר, הוא נראה מלוכלך – כמו רגמו אותו באבנים.

ש': למה לא קוראים את פרק "במה מדליקין" (משנה, מסכת שבת, פרק שני) בחנוכה ובבית האבל?

ת': בבית האבל מדליקים נר נשמה לזכר הנפטר. כשיש נר נשמה דולק אין זה נאה לקרוא על סוג אחר של נרות.

בדומה לזאת, בערב שישי בחג חנוכה מדליקים את החנוכייה לפני נרות השבת. כמו מה שנאמר לעיל, אין זה נאה לתאר סוג אחר של נרות כאשר נר אחר דולק.

ש': מדוע לא אומרים את תפילת "פיטום הקטורת" בבית אבל?

ת': מנהג קדום היה להדליק קצת קטורת[33] בשעה שחזרו על תפילת האשכבה לזכר הנפטר (אפילו כיום רבים מבנ"י דבקים במנהג הזה).

במקום שבו מבעירים קטורת לזכר המת, צריך אדם להימנע מקריאה על קטורת שהבעירו בבית המקדש.

ש': מדוע יש אנשים שנוקבים בשם אמם בשעת הברכה ("מי שבירך") במקום בשם אביהם?

---

32 להניח על הקבר אבנים קטנות או גדולות, זרי פרחים או מטבעות – אין זה ממנהג עדת בנ"י.

33 מנהג שנקרא במראטי "עוד".

ת': באירופה ובארצות מוסלמיות רבות נשים יהודיות נאנסו בידי לא-יהודים.[34] אם הייתה האישה נכנסת להיריון, הרי שאבי הילד לא היה ידוע. כדי להתגבר על קושי זה, הוכרז שילד ייקרא על שם אמו.

אולם קושי כזה לא עמד בפני בנ"י, והם המשיכו לפי המסורת התנ"כית לקרוא על שם האב, כלומר "פלוני אלמוני בנו של פלוני אלמוני" ולאחר מכן אמרו את שם המשפחה.[35]

כאשר מישהו מבנ"י היה נקרא על שם אמו, ייתכן ששלמותה המוסרית של אמו עמדה בספק.

עם זאת, כאשר אדם מסוים חולה במחלה אנושה או נמצא בקושי עצום, מברכים את האיש או האישה בשם אמו או אמה ומבקשים מאלוהים לזכור את כאביה של אמו כשילדה אותו (תהילים קי"ו, ט"ז).

ש': כאשר אומרים את תפילת "שמע", מדוע מאריכים את המילה האחרונה "אחד" ומטעימים את האות דל"ת?

ת': אנו מאריכים את המילה האחרונה "אחד", וכך יש לנו זמן לחשוב על אלוהים כעל מלך היקום.

האות דל"ת מוטעמת כי היא מופיעה מוגדלת בתורה (דברים ו', ד').

ישנן כמה אותיות בתורה שנראות מוגדלות ונקראות "אות רבתי", וניתנו לדבר הסברים רבים.

ש': מדוע אנו כורעים ומשתחווים רק בכמה מהברכות בתפילת עמידה, ואין צורך לעשות כן בכולן?

---

34 כך נהגו בעת מסעות הכיבוש השונים של הנצרות ושל האסלאם או במהלך הפוגרומים שערכו בארצותיהם בקהילות יהודית לכל אורך שנות הגלות.

35 לדוגמה: שמעון בן מנחם קולט, בעת "מי שברך" לאישה נשואה מציינים את שם בעלה ולא את שם אביה או אות שם אמה. אומרים כך: רות אשת שמעון קולט.

ת': בתפילת עמידה בשתי הברכות הראשונות, "מודים" והברכה הבאה אחריה "ולך נאה להודות", אנו מכריזים על אלוהים כעל המלך הריבוני, ואנו משתחווים לו. בברכות האחרות אנו רק פונים לאל בדבר זה או אחר.

ש': מדוע אנו עומדים כאשר קוראים פרשות מסוימות בתורה?

ת': כל אדם מסתכל על התורה (ועל התנ"ך), מנקודת ראות אחרת. לרובנו זהו ספר היסטוריה ובו מצוות שיש לקיים. פרשות שבהן מציינים את שמותיהם של אנשים שונים ואת גילם, מבטאות רק עובדות היסטוריות, ולכן, לדעתי, אין להן חשיבות כמו לעשרת הדיברות.

כאשר מקריאים את עשרת הדיברות, אנו מדמים בלבנו שהנה אנו עומדים לרגלי הר סיני ממש, מקבלים את עשרת הדברות, ומכאן זו מסורת לעמוד בפרשה כשקוראים אותן.

אלה הסבורים שהתורה כולה היא בעלת חשיבות זהה, קוראים את התורה כ"מנטרה".

ש': מדוע כאשר קוראים לאדם זקן לקרוא מהתורה, ילדיו קמים על רגליהם?

ת': זאת מסורת של בנ"י, כאשר נקרא אדם לקרוא מהתורה, קרוביו הצעירים ממנו, שנקראים באותו שם משפחה (בהם נשים בקהל), קמים על רגליהם בשעה שהוא מקריא את הפרשה שלו.

ש': מדוע אנו מכסים את ראשינו בשעת התפילה? ומדוע יש שחובשים כיפה כל הזמן?

ת': התורה וההלכה אינן מחייבות אותנו לכסות את ראשינו בשעת התפילה. כיסוי הראש התגנב איכשהו ונכנס ליהדות. לפי "אנציקלופדיה יודאיקה" בערך "כיסוי ראש" נאמר כי בימיו של הרמב"ם, אם נראה אדם צעיר שנוהג לחבוש את כיסוי הראש כל הזמן, הייתה התנהגותו זו נחשבת כחוצפה.

כיסוי הראש היה אות לאבלות. אחד האפיפיורים, מתוך רצון להשפיל את היהודים, פסק שעליהם לכסות את ראשיהם בציבור. כדי להוסיף על ההשפלה וכדי להפוך אותם למטרה ללעג, הוסיף וציווה עליהם לחבוש כובע בעל מראה מצחיק, וכך נולד השטריימל.

נאמר ב"שולחן ערוך" כי אם אדם נמצא באמבט והגיעה שעת תפילת שמע, עליו להסעיר את המים בידו השמאלית כדי לטשטש את חלקי גופו המוצנעים ולכסות את עיניו בידו הימנית, ועליו לומר "שמע".

יתר על כן, נאמר שם גם שאם אדם נמצא עירום בחדר, עליו להוציא ראשו מהחלון כדי שהחדר יהפוך לְכסות לו ולומר "שמע".

ה"שולחן ערוך" נוקב במגבלותיו של כל אחד מפרטי הפולחן הדתי. כך, למשל, הוא מביא את המידה המזערית ואת המידה המרבית לבניית סוכה. כמו כן, הספר נוקב באורכה המזערי והמרבי של טלית. לא נאמר דבר על כיסוי ראש מבחינת גודלו המרבי או המזערי, לכן, ייתכן שהוא אינו הכרחי מן הבחינה הדתית.

ש': מדוע יהודים אינם מפסיקים להתנדנד ולהתנועע כשהם מתפללים, אבל בנ"י נשארים זקופים?

ת': בני אנוש עושים דברים מסיבות מעשיות עד שהעשייה הופכת הרגל. ואז מגיע איזה מטיף או רב ונותן לדבר הסבר רוחני.

ההתנדנדות וההתנועעות הן בעיקרן מנהג אשכנזי. משום שרבים מגיעים מאירופה הקרה, דמו בלבכם כמה קשה לעמוד בלי לזוז בקור. כדי לשמור על מחזור הדם של האדם וכדי להתחמם, האדם חייב להמשיך לנוע. היות ובזמן תפילת עמידה המתפלל אמור לעמוד ורגליו מוצמדות ולהניע אותן רק בסוף התפילה, הרי שמשום כך מותר לו להניע רק את פלג גופו העליון ומכאן תנועת ההתנודדות.

כעת, דמו בלבכם שבנ"י בהודו החמה מתנודדים בשעת תפילתם. כעבור זמן מועט המתפלל יהיה רטוב מזיעה. זאת ועוד, שערו בלבכם שאתם מפנים בקשה לבוס שלכם בעבודה ובמהלך הבקשה ממשיכים להתנדנד על מקומכם.

כפי שנאמר לעיל, גם בארץ הרבנים מצאו סיבות רוחניות לפיהן יש להמשיך ולהתנועע במהלך התפילה.. הסיבה נמצאת במזמור ל"ה, י', שם נאמר: "כָּל עַצְמוֹתַי תֹּאמַרְנָה ה' מִי כָמוֹךָ". לפיכך, הם משערים שגם כל העצמות אמורות לרקוד ולשבח את האל, ומכאן ההרגל להתנועע במהלך תפילה.

בספר "הזוהר" נאמר כי ההתנועעות כמוה כלהבה המרקדת על הנר. והיה ומשב רוח תועה יחלוף במקרה לידה, הוא יכבה את הלהבה. אולם אם היו כגחלים לוחשות, הרוח הייתה רק משלהבת את הגחלים.

ש': עם תום התפילות מדוע מחכים בנ"י עד שיברך החזן את הקהילה?

ת': בנ"י רואים בפיוטים "אדון עולם" ו"יגדל" חלק בלתי נפרד מהתפילה. לכן הם מחכים ביראת כבוד עד לסוף הפיוט

(בארץ יש בתי כנסת, לא של בנ"י, אשר בהם ברגע שמתחיל הפיוט, חלק מן המתפללים מתחילים ללחוץ ידיים ולעזוב את בית הכנסת. בדרך כלל הפיוט אינו מגיע אל סופו).

לאחר מכן יורד החזן מהתיבה וכל חברי הקהילה מתקרבים כדי ללחוץ את ידו. הוא מברך את הילדים הקטנים ומניח את כפות ידיו על ראשיהם. אם יש בנות בקהילה שרוצות ללחוץ את ידו, הן ממתינות לו מחוץ לבית הכנסת.

ש': האם הוא לוחץ גם את ידיהן של הנשים?

ת': בנ"י מעולם לא התייחסו לנשים כאל מקור של טומאה. נשים שהיו לא-טהורות בעת נידתן לא הצטרפו לתפילות. הצעד הקיצוני של הימנעות לחלוטין מלחיצת יד עם נשים הוא התנהגות מוגזמת של "הנובודתיים".

61

ש': מדוע יש משפחות רבות של בנ"י שמחזיקות בביתן את ציור דמותו של אליהו הנביא?

ת': כאשר חיו בני ישראל בהודו, הם היו מוקפים בעובדי אלילים וצלמים. האדם ההינדי יכול היה לקחת כמה אבנים, לצבוע אותן באדום וכבר היה לו אל לעבוד אותו. לנוצרים היה הצלב, ולבני ישראל – שום דבר. כשהגיעו המיסיונרים הנוצרים להודו הם הביאו עמם תמונות בגודל של כרזות, המתארות דמויות מהתנ"ך.[36] בני ישראל קנו את התמונות הללו בהתלהבות, כי הם היו צמאים לכל דבר שבקדושה שיוכלו לתלות בבתיהם. מכל הנושאים התנ"כיים, אליהו הנביא הזכור לטוב קסם להם יותר מכל, כי הוא לא מת, ואילו כל הנביאים האחרים מתו.

החזנים נהגו לומר לבני הקהילה להשליך את התמונות האלה מחוץ לביתם, ושאין זה נאה. רוב האנשים הסירו אותן ואילו מקצת הנבערים המשיכו לדבוק בהן.

כאשר עלו בני ישראל לישראל, הם פגשו קהילות יהודיות אחרות שנחשבו בעיניהן לקהילות "מוארות". אנשי הקהילות הללו תלו בבתיהם תמונות של ה"באבא" שלהם על הקיר, ואז חלה הנסיגה בחזרה לתמונות מהתנ"ך.

ש': מה כוונתך במונח "נובודתיים"?

ת': אלה הם מי שהפכו לדתיים אדוקים בן לילה. ממש כשם ש"נובוריש" אינו יודע כיצד להתנהג כאדם עשיר ורק מציג לראווה את עושרו, כך ה"נובודתיים" מנסים להציג את חזותם החרדית ולחקות את מי שנולדו וגדלו במשפחות של חרדים ודתיים והיו אדוקים מדורי דורות.

---

36 ציורים צבעוניים של דמויות מתוך התנ"ך, בין השאר דמותו של משה רבנו ודמותו של אהרון הכהן.

לעתים הם עלולים להטעות, מפני שלא תמיד הם יודעים היטב את ההלכות ואת פירושן, ואחדים מהם אינם בקיאים כראוי במנהגי אבות ונוטים ככלל לאסור הכל בלי לבדוק.

ש': לרוב הקהילות היהודיות יש רב שמנהל את ענייני הקהילה. מדוע לבנ"י אין רב או רבנות? כיצד התנהלו ענייני הקהילה?

ת': בנ"י ראו ברב אדם מלומד מאוד, מוסמך מטעם אוניברסיטה זו או אחרת. רק כאשר הגיעו בנ"י לישראל, הם גילו שכל אדם שיש לו זקן, שתמיד חובש כיפה או כובע ועוטה על פניו הבעה של אדיקות וקדושה, נקרא "רב".

לבנ"י הייתה קהילה של זקֵנים שניהלו את ענייני הקהילה. כשהגיעו הבריטים נחשב הרב הראשי של לונדון כרבם של בני ישראל. כל אימת שנתקלה הקהילה בבעיה שהזקנים לא יכלו לפתור, הם הפנו את הבעיה הזאת לרבה הראשי של לונדון

(לדוגמה: כשהוקמה המדינה היהודית רצו בנ"י לדעת אם יש להמשיך ולקיים את צום תשעה באב או לא? הם הפנו את השאלה הזאת ללונדון, ונאמר להם שעליהם להמשיך לקיים את תשעה באב עד שיוקם בית המקדש מחדש).

ש': האם נכון הדבר שבנ"י אוכלים מוצרי חלב ובשר יחד? [37]

37 ראה במסכת חולין דף קט"ז ע"א: "[...] ור' יוסי הגלילי סבר עוף אפילו מדרבנן נמי לא אסיר [...] במקומו של רבי יוסי הגלילי היו אוכלין בשר עוף בחלב [...]" המשפט "במקומו של ר' יוסי הגלילי היו אוכלים בשר עוף בחלב" מופיע גם במס' יבמות י"ד, ע"א. ראה על זאת במאמרה של רבקה ראובן ע"ה, "עדת בנ"י בהודו", בשם החוקר ד"ר עמנואל אולסבנגר: "[...] והנה בנ"י מקפידים מאוד על איסור בשר וחלב, ואף על פי כן אין הם מהססים לאכול עוף בחמאה." על סמך זאת תומך החוקר הנ"ל בדעתו של ההיסטוריון חיים שמואל קהימקאר ע"ה, הטוען שבנ"י יצאו מן הגליל (עמ' 455). ידוע שהמנהג אשר נהגו במקומו של רבי יוסי הגלילי לא נפסק להלכה. וזה דורות שבנ"י לא נוהגים כך, מאחר שקיבלו עליהם את פסקי מרן השו"ע (שם עמ' 459), ראה שו"ע יו"ד סימן פ"ז ס"ג, "[...] ובשר חיה ועוף אפילו בחלב טהורה מותר בבישול ובהנאה ואף באכילה אינו אסור אלא מדרבנן [...]"

ת': בתורה נאמר בפירוש כי אין להוסיף על המצוות שניתנו ואף לא לגרוע מהן (דברים ד', ב'). ואולם הרבנים עשו בדיוק ההפך, וכעת יש טאבו על אכילת חלב ובשר יחד.

בתורה נאמר: "לא תבשל גדי בחלב אמו" (שמות כ"ג, י"ט). האם בישול כמוהו כאכילה?

אמירה זו אינה כלולה בחוקים התזונתיים, אלא מופיעה כחצי פסוק במקום שבו מוזכרים החגים שלנו.

לא רק בעבר אלא אפילו כיום רבים מבנ"י יגישו כמה מיני מתיקה, בהם כאלה העשויים מחלב בתחילת טקס שלאחריו ארוחה בשרית. כמובן, ה"נובודתיים" מתנגדים לכך (ראו תלמוד בבלי, סדר נשים מסכת יבמות י"ד ושמואל ב' י"ז, כ"ט).

ש': מיהו ה"מוּקָדָם"?

ת': זהו תואר כבוד לראש קהילה, ראש כפר או ראש עיר.

בשפה של ימינו בעל תפקיד זה נקרא בשם נשיא הקהילה. באותם ימים שימש המוקדם כ"סנדק", לא בהקשר של ראש כנופיה, חלילה. המוקדם היה אדם מכובד ומקובל על כל הקהילה. את המילה שלו היו מכבדים, והיא הפכה לחוק. הוא דאג בעיקר לרווחת הקהילה.

ש': באיזו שפה מדברים בנ"י?

ת': רוב המשפחות מדברות מראטי בביתן, אבל אין זו השפה המקורית כי אם ניב קוקני-מראטי,[38] המתובל בכמה מילים בעברית (אפשר לקרוא לו "היידיש של בנ"י").

---

38 על שם האזור הגיאוגרפי הנרחב אשר נקרא בעבר בשם "קונקאן", אזור שבכפריו חיו בנ"י לאורך שנות גלותם הארוכה בהודו.

ברוב בתי העסק והמשרדים משתמשים בשפה האנגלית. אם שני ההורים משכילים ויודעים אנגלית ברמה גבוהה, הם מדברים אנגלית בבית. הדבר המוזר היה שלמרות שדיברו בקוקני-מראטי בבית, בנות בנ"י הצליחו תמיד להצטיין בלימודיהן במראטי ובסנסקריט,[39] והיו שזכו אפילו במלגה. כיום בישראל הם מדברים בעיקר עברית.

ש': אם מראטי הייתה שפת האם ואם שפת ההוראה הייתה מראטי או אנגלית, כיצד הם רכשו את ידיעת השפה העברית?

ת': במומביי לא היה בדבר כל קושי, כי היה בית ספר יהודי שנקרא ע"ש "סֶיר אלי כדורי", אבל במקומות אחרים דאגו בתי הכנסת שהחזנים ילמדו את הילדים עברית בשעות הערב.

בכיתות אלה לימדו את הילדים כיצד לקרוא בספרי התפילה שלהם, לא למדו עברית בתור שפה. היו חזנים שביוזמתם לימדו את תלמידי הכיתות הגבוהות לכתוב עברית על דרך התורה. לצורך זאת היה על התלמידים לקנות לעצמם קנים הקרויים "בּוֹרוּ". לימדו אותם איך להכין את הקנה כדי שידמה לקולמוס, כדי שיוכלו לכתוב בעזרתו.

ש': כיצד התנהלו לימודי תנ"ך?

ת': יום ראשון הוא יום השבתון בהודו, ולכן ביום ראשון בבוקר לימדו את התלמידים את סיפורי התנ"ך (חיקוי של בית-הספר של יום ראשון שהוקדש ללימודי דת אצל הנוצרים).

ש': מה פירושה של הסיומת "ג'י" בסופם של שמות פרטיים ושל הסיומת "קר" המופיעה בשמות המשפחה של בנ"י?

ת': במראטי קדומה הוספה "ג'י" לשם כתואר כבוד, כמו .Mr (מר, אדון) המקדים את השמות באנגלית.

---

39 שפת הודית עתיקה.

הסיומת "קר" נוספה לשמות המשפחה, והיא מציינת את עיר הולדתם או את כפר מוצאם של בני המשפחה.

ש': מדוע לא קוראות נשות בנ"י לבעליהן בשמם הפרטי?

ת': מאותה הסיבה שאין קוראים לאב או לאם בשמם הפרטי, מטעמי כבוד. בדרך כלל קוראים לאב "אבא" ולאם "אמא".[40] אבל שיטה זו נעלמת במהירות. נשים בנות ימינו פונות לבעליהן בשמותיהם הפרטיים.

ש': כיצד היו הנשים פונות לבעליהן?

ת': בלשון מראטי יש שתי צורות של כינוי גוף שני: הצורה הרגילה המשמשת לפנייה לשווים לך והצורה השנייה שהיא פניה של כבוד – לזקנים.

כשדיברה על בעלה בגוף שלישי, השתמשה הרעייה בתואר הכבוד "תֶּה/ת'אִינְלָה" ובפנייה ישירה, כדי למשוך את תשומת לבו, בדרך כלל התחילה באמירה "אהוֹ אָיְקְלֶת-קָה?" ופירושה: "האם שמעת?"

ש': מהו פירושו של המונח "יהודי שחור"?

ת': המונח "יהודי שחור" הפך להיות נחלת העבר. הוא לא סימן את צבע העור. אם אחד מבנ"י נישא ללא-יהודיה, ילדיהם נקראו "יהודים שחורים".

ש': האם ל"יהודים שחורים" היו זכויות יתר, או הייתה זו מגרעת?

ת': התיוג כ"יהודי שחור" נחשב למגרעת גדולה. איש לא רצה להתחתן עם מי שכונו בשם זה. בדרך כלל הם לא התקבלו בחברה. בנ"י והקהילה האחרת לא ראו אותם בעין יפה. יחס זה הניא את חברי הקהילות האלו מנישואי תערובת ומנע מן הקהילה התערבות עם בניהן של קהילות אחרות.

ואולם, אם האדם עבר תהליך גיור נאות, לא הפלו אותו לרעה בבית הכנסת.

40 יתרה מזאת, אף האחים הקטנים נהגו בכבוד כלפי אחיהם ואחיותיהם הגדולים מהם (בעיקר כלפי הבכור או הבכורה) ולא קראו להם בשמם הפרטי.

ש': האם היו גיורים של לא-יהודים? ומה היה ההליך?

ת': היו מעט מאוד גיורים. לצורך זה היה על האדם לחתום בנוכחות שני עדים על תצהיר שאמר שהוא או היא מתגייר או מתגיירת ברצון חופשי ולא כופים עליו או עליה זאת.

רשויות בית הכנסת היו חוקרות ובוחנות את האדם אחרי שלמד. בדקו אם הוא מכיר את חוקי היסוד של היהדות ואם ייאות לוותר על דתו או דתה המקורית.

לגברים ההליך היה מכאיב למדי – היה עליהם לעבור ברית מילה וטקס טבילה.

על נשים היה לעבור טקס טבילה.

את הטבילה אפשר היה לבצע בכל מקווה מים גדול כמו ים, נהר, אגם ובשעת השחר המוקדמת.

לגבר היה בן לוויה שעוזר לו, לנשים הייתה אישה שהתלוותה אליהן. האדם היה מתעטף אך ורק בסדין. כשהוא או היא טבלו במים, הם עמדו וגבם לכניסה אל המקווה. החזן ושני עדים נקראו. החזן היה נכנס למים ועמד מאחורי הטובל. בן הלוויה הסיר את הסדין. החזן היה קושר קֶשר בכנף המטפחת שלו וטובל את הקצה החופשי שלה במים. הוא היה חוזר על הפסוק "והוא רחום יכפר עוון [...]", ובכל מילה טפח באמצעות הקשר על גבו של המתגייר.

לאחר מכן הושקע הטובל לגמרי (הוטבל כל כולו), שלוש פעמים במים. אחר כך היו החזן והעדים עוזבים את האזור. בן או בת הלוויה היו עוזרים לאדם להתעטף בבד הסדין ולאחר מכן הטובל או הטובלת היו מתנגבים.

ש': מדוע בנ"י מותחים את זרועם הימנית ומצביעים לעבר נרות השבת, כפי שנהגו הנאצים להצדיע במועל יד?

ת': אין שום קשר בין מנהג זה לבין ההצדעה במועל יד. ברוב בתיהם של בנ"י נר השבת תלוי מהתקרה או קבוע גבוה בקיר. יד ימין משוכה קדימה כדי לחסום את אור הנרות בשעת הברכה. לאחר הברכה מזיזים את היד ורואים את הנר הדולק. בהודו, בשבת, הדליקו רק נר אחד משמן. למדנו להשתמש בשני נרות שעווה בישראל.

ש': מדוע מסתכלים בזמן ההבדלה על קצות האצבעות דרך אור הנר?

ת': קיימות אמונות קדומות רבות בהקשר של טקס ההבדלה.

כאשר הברכה על האש נאמרת, מועברת כוס היין מיד ימין ליד שמאל. ארבע אצבעות של יד ימין נסגרות סביב האגודל ומתאגרפות. הברכה נאמרת וארבע האצבעות נפתחות.

בכל אצבע יש שלושה מפרקים, כלומר, כולם יחד שנים-עשר. הם מייצגים את שנים-עשר שבטי ישראל. ואילו האגודל נפתח ויש בו שני מפרקים: הם מייצגים את אפרים ואת מנשה שהוכללו גם הם מאוחר יותר בתוך שבטי ישראל. כשמחזיקים באור, מסמנים בעצם על הארה.

מנהג פרישת שתי כפות הידיים מעל הנר וקירובו לפנים ולראש הוא חיקוי של מנהגי הגויים.

ש': מדוע יש אנשים שפורשים צל על כוס היין שלהם בכף ידם השמאלית ומביטים אל תוך הכוס?

ת': זוהי עוד אמונה קדומה שהסתפחה להבדלה.

היו שסברו שכאשר רואים את ההשתקפות ביין שמברכים עליו זוכים לחיים ארוכים, אבל אם לא רואים אותה, אפילו כאשר משתדלים, זהו אות מבשר רעות למי שמברך.

כאשר אוחזים את היין ביד ימין ופורשים עליה צל ביד שמאל כדי למנוע מהאור ליפול על היין, יש סיכוי רב יותר לראות את ההשתקפות של מי

68

שמברך. אך אם מסיבה כלשהי לא תיראה ההשתקפות, המברך יזכה רק בפחד ובעצבות.

ש': איך ומתי מכניסים ספר תורה חדש לבית הכנסת?

ת': בדרך כלל עושים זאת בהושענא רבא או בשבועות. זה הזמן המתאים ביותר להוספת ספר תורה חדש לבית הכנסת.

ספר תורה חדש נתרם לבית הכנסת או נרכש לקריאה בו. כאשר נעשית תרומה, בית הכנסת שולח חופה וספר תורה אחד או שניים מהמלאי שלו מבית הכנסת לביתו של התורם. המארח מסדר את ספרי התורה על שולחן. מתפללים ערבית. בדרך כלל לאחר הערבית חוגגים במסיבה או בארוחת ערב.

אחרי לימוד לילה של הושענא רבא או שבועות (הנקרא במראטי "ז'אגרן"), נלקחים ספרי התורה מבית התורם לבית הכנסת בליווי פיוטי שמחת תורה ובריקודים. יש לתאם את המועד כדי שהתהלוכה תגיע לבית הכנסת בסיום הלימוד הלילי (תיקון).

החופה מוחזקת מעל ספרי התורה, וכדי לשמור שנושאי ספרי התורה לא ידרכו על האדמה החשופה, פורשים סדינים לבנים חדשים מדֶלת התורם ועד לבית הכנסת. לשם כך משתמשים בשלושה סדינים ומותחים אותם לאורכם. אחרי שהתהלוכה חולפת על פני הסדין הראשון, מתנדבים מסירים אותו ופורשים אותו שוב מלפנים. בדרך זאת מגיעה התהלוכה לבית הכנסת.[41]

לתורם הייתה הזכות להרים את ספר התורה מהשולחן שהוא היה מונח עליו ולשאת אותו למפתן הדלת. לאחר מכן כל מי שרצה יכול היה לאחוז בספר התורה ולהוליך אותו. בדומה לזאת, התורם יכול היה להכניס את הספר לארון. אם היה מוותר על הזכויות שלו היו מציעים אותן למרבה במחיר.

---

41 מנהג זה מיוחד לעדת בנ"י ומצביע על הכבוד ועל היקר שרחשו בנ"י לתורה. על פי מנהג זה לא הניחו אפילו לנושאי ספר התורה לצעוד ישירות על גבי האדמה. כך נוהגים בנ"י, לפחות בהודו, גם כיום.

בתפילת השחרית למחרת היה מוזמן התורם בדרך כלל לעלייה השלישית לתורה בבית הכנסת.

ש': כיצד היו נוהגים לפתוח את ארון הקודש, כאשר הוציאו ספר תורה לקריאה?

ת': מי שזוכה בכבוד לפתוח את ההיכל מתקרב להיכל וממתין עד שהחזן מתחיל בפסוק "בעבור דוד עבדך [...]" אז הוא מתחיל לפתוח את ארון הקודש, והארון אמור להיות פתוח לגמרי כאשר חוזר החזן על הפסוק.

כאשר מתחיל החזן לקרוא את הפסוק: "כי מציון תצא תורה [...]" הוא מוציא החוצה ספר תורה ונותן אותו למי שנועד לשאת את הספר לשולחן הקריאה (בתיבה).

בתיבה השמש או מי שאמור לקרוא בתורה (בעל הקריאה) מקבל את הספר ומניח אותו על השולחן.

ש': מדוע הנוהל הזה חשוב?

ת': יש לו שתי סיבות: האחת מעשית והאחרת דתית. כאשר האדם הראשון מוציא את ספר התורה החוצה, הצד הקדמי של התורה מופנה כלפיו והאחורי הלאה ממנו. אבל מי שמקבל את ספר התורה, הצד האחורי מופנה כלפיו והצד הקדמי רחוק ממנו. כך הוא נושא אותו בצורה מכובדת. כאשר הוא מגיש את ספר התורה לשולחן הקריאה, הוא מניח את הספר על השולחן, צדו הקדמי מופנה כלפי הקורא (הצד הקדמי הוא מעין בית או נרתיק ספרדי ובתוכו ספר התורה.)

הסיבה הדתית: היא מסמלת את הרעיון שמשה רבנו קבל את התורה מאת ה' בהר סיני, מסר אותה ליהושע, יהושע מסר לזקנים וכן הלאה.

ש': האם חשוב שהאדם שנקרא לעלות לקרוא בתורה ימתין בתיבה עד שהאדם האחר (הבא אחריו), יסיים את קריאתו?

ת': אין זה מנהג של בנ"י, אלא אֻמַּץ ממנהגם של יהודים אחרים. העולה לתורה בכלל לא צריך להמתין. כאשר העולה הבא מגיע לתיבה, הוא צריך ללחוץ את ידו של הקורא שלפניו ולרדת. אלא אם כן הקורא נקרא לקרוא, ואז הוא ממתין עד שיגמור הקורא שלפניו לקרוא את הקטע של הפרשה שלו. כי לחלופין, כאשר הוא ממתין עד שהאדם הבא יסיים את הקריאה, הוא פשוט חוסם את המעבר לתיבה ומעכב אחרים שבאים לקרוא. דבר זה ניכר בבירור כאשר חתן או אבי בן שאמור לבוא בברית מילה נקראים לתיבה.

ש': האם מי שיורד מהתיבה לאחר הקריאה בתורה חייב ללחוץ את ידי כל קהל המתפללים?

ת': יש מסורת אצל בנ"י שנער הבר מצווה והחתן לוחצים את ידי כל המתפללים כולם ומקבלים מהם איחולים וברכות.

בדרך כלל כאשר הקורא מסיים את קריאתו ויורד מהתיבה, הוא מנסה להתיישב במקומו, שעה שהבא בתור אחריו קורא ברכה. על כן, על הקורא להימנע מלהפריע כאשר קוראים בתורה. בדרכו למקומו הוא יכול ללחוץ ידיים עם האנשים היושבים בסמוך לו.

ש': מדוע מוסיפים קוראים על מספר הנקראים לעלות לתורה שנקבע מראש?

ת': בני ישראל נהגו להעלות לתורה קוראים נוספים רק ביום של שמחת תורה.

כיום בישראל יש בתי הכנסת שנעשו חמדנים. ככל שהם קוראים ליותר אנשים לקרוא, כך הם מקבלים יותר כסף.[42]

אם יש בר מצווה או שבת חתן, חוץ מילד בר המצווה או החתן, אין הכרח שמתפלל נוסף יעלה לתורה.

---

42 מתרומות ומנדרים.

הנהלות בתי הכנסת טוענות כי זוהי הזדמנות לכבד את מי שבדרך כלל אינו
נוהג לקרוא מהתורה, וכעת אפשר לזמן אותו. אבל מדוע צריכה הקהילה
כולה לסבול בשל אותם מעטים שאינם נוכחים בדרך כלל בבית הכנסת?

ש': האם צבע הפתילים שבציצית שלנו (בטלית) אמור להיות תכלת?

ת': כן. התורה אומרת שהם צריכים להיות בצבע תכלת, אבל את הצבע
הזה אפשר לייצר מסוג מסוים של חלזונות. חלזונות אלה נכחדו כיום, ולכן
הפתילים כיום לבנים.

אם ישתמשו באיזה צבע סינטטי, אין, לדעתי, שום בעיה לציית להוראת
התורה.

ש': בתוך תפילת העמידה הוסיפו ברכה שמבקשת מאלוהים למחות את מי
שמעלילים בפני הרשויות כנגד הקהילה היהודית שלהם. האם צריך עדיין
להמשיך באמירת התפילה הזאת?

ת': האם אין כיום יהודים הפועלים נגד המדינה היהודית?

לפני שהוקמה המדינה היהודית היו המילונים מתרגמים את הערך "יהודי"
בתור נוכל, מלווה בריבית ועוד. כיום, מפני שיש לנו מדינה משלנו, אנו
יכולים לזקוף את ראשנו בגאווה. מדינה זאת הושגה בזכות ההקרבה של
החיילים הצעירים שלנו שנלחמו במלחמות ישראל. כאשר משמיעים את
הצפירה ביום הזיכרון, וכאשר כל מדינת ישראל עומדת דום לשתי דקות,
ישנם כמה יהודים שאינם עומדים דום ואינם מכבדים את זכר הנופלים.

ישנם יהודים שתמיד מצדדים באויבינו. כאשר חומיני ימ"ש, מנהיג אירן
מת, יהודים אלה, המתנגדים למדינת ישראל, הלכו להתפלל ליד קברו.
האין צורך למחות את זכרם של יהודים כאלה מעל פני האדמה?

ש': בתפילת שחרית, מדוע מזמור ס"ז כתוב בצורה של מנורה?

ת': כאשר אנו חוזרים על מזמור זה בתחילת תפילת שחרית, עלינו לדמות בלבנו כי אנו עומדים לפני המנורה בבית המקדש וכי היא דולקת. אך מכיוון שאין מדליקים כל מנורה בשבת, אין אומרים מזמור זה בשבת (ייתכן שהלויים שרו את המזמור הזה בשעה שהדליקו את המנורה).

ש': האם למלאכים יש כנפיים?

ת': רק הנביא ישעיה, בחזונו, ראה מלאכים בעלי שש כנפיים, ומי שראה מלאכים בעיניו ממש, הם נראו לו כבני אנוש.

אברהם חשב שהמלאכים היו אורחים-נוודים. לוט ראה את המלאכים וחשב שהם זרים בעיר. אשת מנוח, אם שמשון, תיארה את המלאך שראתה כבעל מראה נורא (שופטים ח', ו').

איש מאותם אשר ראו מלאכים פנים אל פנים לא אמר שיש להם כנפיים. אמנם הנביא ישעיה ראה מלאכים בעלי כנפיים, אך ראה אותם בחזונו. הרעיון של מלאכים בעלי כנפיים הוא רעיון נוצרי. בדומה לזאת, הרעיון של הגיהינום ושל גן העדן התגנב ליהדות מהנצרות ומהאסלאם. היה מסוכן אז לשלול את אמונותיהם.

ש': האם יש חיים אחרי המוות?

ת': קשה מאוד לדעת מה יש בצד האחר, כי איש עדיין לא חזר משם לספר לנו.

התנ"ך בעצמו אינו אומר דבר על החיים שלאחר המוות. להפך: המלך דוד אומר (במזמור פ"ח, ו'), שאלוהים אינו זוכר את המתים.

החיים אחרי המוות אמורים להציע פתרון לבעיה שאין עליה תשובה: "מדוע צדיק ורע לו, רשע וטוב לו?" היו שביקרו את הרמב"ם כמו כפר בכמה מהעיקרים שקבע בעצמו. כוונתם הייתה לעיקר האחרון, שלושה-עשר במניין העיקרים, המדבר על תחיית המתים.

73

אולם התפילות והטקסים מיועדים יותר למי שנותר מאחור ולא דווקא למי שנפרדים ממנו. תלוי בכל אדם ואדם אם יקבל את מה שהוא חושב כנכון.[43]

ש': מדוע בתורה יש אותיות גדולות וקטנות?

ת': האותיות הגדולות מכונות "רבתי" והקטנות קרויות "זעיר". לא ידוע לנו מקורה או סיבתה של דרך הכתיבה שלהן (האם ייתכן כי האיש או האנשים אשר כתבו את העותק הראשון של התורה שכחו לכתוב את אותיות האלף-בית, ולאחר מכן היה צורך לתקן, ועל כן צורת האות נדחסה והתפרשה?).

מובן שלרבנים יש הסבר משלהם לכל דבר, כמו גם לאותיות הגדולות והזעירות. אם לקבל או לא לקבל את ההנמקה שלהם, הדבר תלוי בכל אדם ואדם.

ישנן כמה דוגמאות בתורה שבהן מילה כתובה באיות לא נכון או בצורה דקדוקית שגויה, ובכל זאת קוראים אותה באופן נכון, כי את התורה אסור לתקן. מצב זה נקרא "כתיב" ו"קריא".

ש': מדוע אין כוהנים בקרב בנ"י?

ת': "כהן" איננו תואר שמעניקים, ואף אי אפשר לרכשו או להשיגו דרך תואר אוניברסיטאי.

כהן הוא איש דת. שלא כדרך הנצרות, שעל פיה כל כומר מוסמך יכול לערוך תפילות, אצל היהודים הכהונה עוברת בירושה. ממש כמו שכהונת הברהמין עוברת בירושה, כך גם מי שנולד למשפחה של כהן נעשה כהן בעצמו.

אלוהים בחר באחיו של משה רבנו, אהרון, לשמש בתור הכהן הגדול, וצאצאיו הזכרים בלבד ירשו את המשרה. אך בנ"י אינם יודעים בוודאות לאיזה שבט השתייכו, ולכן הם לא יכלו להכריז על עצמם כעל כוהנים.

---

43 בכל מקרה, בעדת בנ"י בהודו ובישראל הקפידו ומקפידים מאוד, גם כיום, לקיים את כל תפילות האשכבה ע"נ במועדן.

ש': כיצד מבצעים את טקס ברכת ההודיה?

ת': משתדלים להגיע למניין של לפחות עשרה גברים. אם הטקס מתקיים בערב, אפשר לפתוח את הטקס בתפילת ערבית.

צלחת גדולה הקרויה "תָּ'לָה" מונחת לפני הקורא (החזן). הת'לה מכילה במרכזה פתיתי אורז או סולת ממותקים, ושמם "מָלידה". את ה"מלידה" מקיפים בחמישה סוגי פירות שונים, חמש יחידות מכל סוג. מלמעלה מניחים על ה"מלידה" עלֵי הדס, ריחן, ציפורן או כל עשב תיבול או תבלין שריחו טוב.[44]

הת'לה מכוסה כולה בבד לבן.

האדם שמביא את ה"ת'לה" מניח אותה לפני הקורא ואומר: "בשם ה'." הקורא אומר: "בסימנא טבא."הוא מגלה את ה"ת'לה" ומתחיל בפיוט שבדרך כלל שרים במוצאי שבת: "אליהו הנביא, אליהו הנביא [...]" אבל לא אומר את המילים "במוצאי שבתות," אם הטקס מבוצע באחד מימי השבוע ולא בשבת. לאחר מכן הקורא אומר קטעים נבחרים של ברכות מהתורה. חוזרים על מזמור קכ"א ומברכים את מי שצריך לקבל ברכה ("מי שבירך").

ש': מדוע אבלים מגישים כיבוד או ארוחת ערב אחרי תפילת האשכבה?

ת': בקרב קהילות אחרות שוררת האמונה שככל שנאמרות יותר ברכות על שמו של הנפטר או של הנפטרת כך ייטב לו או לה, יהיה אשר יהיה מקום הימצאותו או הימצאותה. אולם אמונה זאת איננה אמונתם של בנ"י.

בהודו היו מגיעים אנשים ממרחקים להשתתף בתפילת האשכבה. זה היה פשוט עניין של נימוס ודרך ארץ להגיש להם מזון או כיבוד לפני שיצאו לדרכם.

---

44 ברכת או טקס ההודיה נקראת "מלידה" על שם המאכל שאוכלים בטקס זה. הטקס נקרא גם בשם "אליהו הנביא", על שם הפיוט שקוראים במהלכו ("[...] במהרה יבוא אלינו עם משיח בן דוד.").

ש': כיום רוב בנ"י לובשים בגדים בסגנון מערבי. מה היה סגנון לבושם לפני כן?

ת': היו מלבישים ילדים קטנים בבגד עליון מוארך המתאים לבנים ולבנות, המכונה "זַבְּלָה". כשגדלו מעט, היו הבנות לובשות חצאית ארוכה וחולצה קצרה המכונה "פָּרְקָר פּוֹלְקָה", והבנים היו לובשים חולצה עליונה מוארכת, מין טוניקה בעלת צווארון סיני, המכונה "סָדְרָה".

נשים מבוגרות לבשו סארי שאורכו היה שישה יארד (כחמישה מטרים), והוא היה מכונה "לוּגְדָ'ה", וכרכו אותו בסגנון "קַשְׁטָה": כל רגל נעטפה בנפרד והיה קל לרכוב בסארי זה על סוס.

מאוחר יותר תפס סארי שאורכו חמישה יארד (כארבעה מטרים ומחצה) את מקומו של הסארי המסורבל שאורכו שישה יארד . גברים לבשו "דהוטי"– בגד הודי לאזור החלציים או מכנסיים דמויי פיג'מה המכונים "לֶנְגָה" ו"סָדְרָה". הם לבשו מעל לחולצותיהם חולצה הודית ללא כפתורים ושרוולים המכונה "קוּרתָ'ה". מבחינת כיסוי ראש, בדרך כלל הם חבשו טורבן או כובע שאפשר לקפל.

ש': מדוע נשות בנ"י אינן מסמנות את הסימן (נקודה) האדום על המצח?

ת': הסימן האדום על המצח מייצג את העין השלישית של וישנו, אל בדת ההינדואית. בנ"י לא רצו להעתיק דבר השייך לדתו של עם אחר, לכן הנשים לא סימנו את הסימן. אולם כיום ישנן נשים, לאו דווקא מבנ"י, שמתאפרות בסימן זה כקישוט אופנתי באירועים, ללא כל סיבה דתית.

ש': האם דרך הבישול של בנ"י שונה מן הנהוג במטבחים של שכניהם?

ת': בבסיסו של דבר אין הבדל בין שני המטבחים. אך בנ"י רואים באוכל של שכניהם אוכל שלא בושל דיו, והשכנים חושבים שמזונם של בנ"י מבושל יתר על המידה. כמו כן האוכל של בנ"י חריף פחות.

ש': מהו המונח "מגיע כדי לירוק"?

ת': זהו מונח אשכנזי. כשמישהו הגיע באיחור לתפילות, היו אומרים עליו שהוא מגיע ב"יריקות" או בשבילן.

כל התפילות שלנו מסתיימות בתפילת "עלינו לשבח [...]" שמכילה את המילים: "[...] שהם משתחווים להבל ולריק." מנהג האשכנזים היה להשמיע קול יריקה "טפו, טפו, טפו" בעת אמירת הפסוק.

לבנ"י הייתה דרך משלהם להתייחס למי שמגיע באיחור רב לתפילות. הם אומרים עליו: "שַרְבֶּט פְּיָאלָה אָלָה", פירושו: הגיע לשתות "שרבט". בתי כנסת רבים בהודו מקיימים את הקידוש ומגישים בהם "שרבט" אחרי השבת ואחרי תפילות חג.

ש': יש מקרים שאנשים מביאים בהם את גופת יקיריהם שנפטרו כדי לקבור אותם בארץ ישראל – האם נכון לעשות זאת?

ת': ב"ספר הזהר" בפרשת "ויחי" מצוטט: "ובאתם וחיללתם את אדמתי ואת ירושתי אשר עשיתם בה תועבתכם".

ש': אם כן, מה בדבר יעקב ויוסף אשר עצמותיהם נקברו בארץ ישראל אף כי הם מתו על אדמת מצרים?

ת': אלה הם יוצאים מן הכלל, כי שניהם ראו בהשמדתם של אלי המצרים. הם חששו שהמצרים יתחילו בפולחן קברים (בדרך דומה לאופן שבו בנ"י עושים לקברי יקיריהם).

ש': מדוע מכסים בבד את כל המראות בבית אבלים?

ת': שתי סיבות יש לכיסוי המראות: מראה שמסתכלים עליה היא מושא לגנדור ולגאווה. במהלך השבעה אסור להשתקע בתענוגות, לכן מכסים אותן.

הסיבה האחרת היא: כשנערכות תפילות בבית אבלים, אסור לראות השתקפות של המתפלל או של כל מתפלל אחר בשעת תפילתו.

הסיפור שיש מי שחוזר עליו, שרוח הנפטר עלולה לראות את עצמה במראה, הוא שטות.

ש': האם בנ"י בהודו היו מודעים לשואה?

ת': אמנם התבקשנו לצום, ותפילות נערכו בבתי הכנסת למען יהדות אירופה, אבל רובנו לא האמנו באמיתותן של השמועות אודות השואה. חשבנו שהייתה זאת תעמולה בריטית נגד הגרמנים. רק כשהגענו ארצה[45] וראינו את המספרים המקועקעים על ידי הניצולים ושמענו מה עוללו להם, הבנו את גודל הזוועה של השואה.

בהודו היו לעתים מהומות בין ההינדים לבין המוסלמים, והממשלה הצליחה עד מהרה להשתלט עליהן.

היו מיעוטים אתניים ודתיים רבים, אבל מעולם לא הציקו להם בגלל דתם. משום כך התקשינו להעלות בדעתנו את זוועות השואה.

---

45   המחבר עלה לישראל בשנת 1955.

מחשבות

יש שתי דתות יהודיות: זו שנתן האל וזאת שהוכתבה מפי הרבנים.

הבדלים אחדים ביניהן אפשר לראות בהשוואה שערכתי כאן, בין התורה לבין פסקי חז"ל.

בתורה

1) החודש הראשון בשנה הוא חודש ניסן.

2) מניחים תפילין על היד ובין העיניים.

3) אסור לבשל גדי בחלב אמו.

4) את העומר מתחילים לספור מיום ראשון (מוצאי שבת)[46] שבא ראשון אחרי פסח, ושבעה שבועות תמימים עוברים בין היום הראשון של העומר לבין חג השבועות.

---

46 "וּסְפַרְתֶּם לָכֶם מִמָּחֳרַת הַשַּׁבָּת מִיּוֹם הֲבִיאֲכֶם אֶת עֹמֶר הַתְּנוּפָה שֶׁבַע שַׁבָּתוֹת תְּמִימֹת תִּהְיֶינָה עַד מִמָּחֳרַת הַשַּׁבָּת הַשְּׁבִיעִת תִּסְפְּרוּ חֲמִשִּׁים יוֹם וְהִקְרַבְתֶּם מִנְחָה חֲדָשָׁה לַה'" (ויקרא, כ"ג, ט"ו-ט"ז). אין זה משנה מתי חל הפסח, את ספירת העומר מתחילים במוצאי השבת הראשונה אחרי פסח.

5) מזון חדש אפשר לבשל בבוקר הפסח.

6) טקס החליצה מתקיים אם האחים חיים בקרבת מקום, ואחי הנפטר מסרב לשאת (לייבם) את האלמנה.

פסקי חז"ל

1) החודש הראשון בשנה הוא חודש תשרי.

2) את התפילין מניחים על היד ועל הקדקוד.

3) אסור לאכול בשר סמוך לאכילת מוצרי חלב ולהפך.

4) את העומר סופרים מהיום השני של פסח.

5) אסור לבשל ביום חג.

6) יש לבצע חליצה אפילו אם האחים חיים בנפרד במקומות רחוקים זה מזה, ואין זה משנה אם האח הנותר רוצה או אינו רוצה לשאת (לייבם) את אלמנת אחיו.

תהילים

חיבור ספר תהילים מיוחס לדוד המלך ע"ה. האם כתב את כל המזמורים? או אולי אסף אותם ממחברים אחדים, וערך אותם לכדי חמישה ספרים?

אם כמה משוררים היו כותבים את המזמורים האלה ומקדישים אותם לדוד, אז שורת הפתיחה של רבים מהם הייתה "מזמור לדוד" ואפשר היה לתרגם אותה ל"מִנְחָה לדוד".

בבראשית מ"ג, י"א אפשר לתרגם את "זמרת הארץ" בתור "מנחות הארץ".

אם אנו מתרגמים את "מזמור" בתור "שיר", אז את השורה "מזמור שיר ליום השבת" במזמור צ"ב בתהילים היו מתרגמים כ"שיר השיר לשבת".

אבל אם נתרגם את "מזמור" בתור "מנחה", אז התרגום יהיה "שיר מנחה לשבת".